숨쉬는 중국어

중급편

숨쉬는 중국어 중급편

초판 1쇄 발행   2008년 1월 5일
초판 3쇄 발행   2014년 1월 10일

저 자 이명순
북디자인 Design Didot
그 림 이일선
발 행 인 윤우상
발 행 처 송산출판사
주 소 서울특별시 서대문구 홍제 2동 104-6
전 화 (02) 735-6189
팩 스 (02) 737-2260
홈페이지 http://www.songsanpup.co.kr
등록일자 1976년 2월 2일. 제 9-40호

ISBN   978-89-7780-109-7   18720
          978-89-7780-107-3   18720 (세트)

숨쉬는 중국어

저자 이명순

중급편

 송산출판사

중국은 한국과 가까우면서도 교류가 가장 많은 나라입니다. 따라서 요즘은 영어보다도 중국어를 잘하면 취직도 잘되고 회사에서도 인정을 받는다고 하니 빨리 서둘러 중국어 공부를 시작해야 합니다. 그러나 막상 중국어 공부를 시작하려고 서점에 가보면 책은 많은데 한국인에게 알맞은 교재가 없는 것 같습니다. 물론 다양한 중국어 학습서는 학습자들에게 선택의 폭을 넓힐 수 있지만 이들은 대체로 중국 현지에서 사용되고 있는 학습서를 그대로 옮겨오거나, 외국인을 위해 편찬된 학습서라 하더라도 그것이 한국인을 겨냥한 것은 아닙니다. 그러므로 한국인이 이해하기 쉽고 또 한국인의 정서에 맞는 회화 내용이 담긴 책을 찾기 어렵습니다. 이 책은 이러한 한국인 학습자들의 입장을 고려하고, 한국인으로서 중국어를 표현하는 능력을 키워주고자 하는 목적에서 기획되었습니다. 본인은 오랫동안 중국어를 가르치면서 책을 많이 편찬했습니다. 좀더 학습자들에게 효율적이고 효과적으로 회화를 습득할 수 있는 교재를 개발해야겠다는 욕심을 가지고 이 책을 펴내게 되었습니다.

이 교재는 일상 생활에서 반드시 필요한 다양한 상황별 회화를 다루었으며, 필수 어법 또한 체계적으로 설명해 놓았습니다. 특히 학습자들이 이해하기 어려운 비슷한 단어들을 한눈에 들어올 수 있도록 도표로 정리해 놓았습니다. 그리고 본 교재의 연습문제 중 어휘 플러스는 저자가 독창적으로 개발한 것입니다. 이 코너는 한국에서 쓰는 한문과 중국어 뜻이 일치하는 단어를 선정하여 중국어를 보다 쉽고 재미있게 배우도록 꾸몄습니다. 그리고 문형 연습, 그림을 보고 말하기 등 다양한 연습문제가 준비되어 있으니 학습자들의 공부에 많은 도움이 되기를 바랍니다.

중국어를 공부하는 학습자들의 날로 진보하는 모습을 그려보면서 소기의 성과를 거둘 수 있기를 기원합니다. 끝으로 이런 저자의 의도에 기꺼이 응해주시고 적극적인 배려를 아끼지 않으신 송산출판사 윤우상 사장님과 유후랑 과장님 그리고 작업을 도와 주신 편집부 직원들의 노고에 감사를 드립니다.

2007년 12월

저자 이명순

'숨쉬는 중국어'는
이렇게 구성되어 있습니다!

새 단어

본문의 내용과 관련된 어휘를 기본 회화 단어, 실전 회화 단어, 서술하기 단어 등 3개 부분으로 나누어 놓았습니다.

기본 회화

각 과마다 꼭 익혀두어야 할 기본 표현을 다루었으니 잘 익혀두면 공부에 도움이 많이 될 것입니다.

실전 회화

실전에서 바로 사용할 수 있는 회화 내용을 다루었습니다. 반복해서 연습하여 내 것으로 만들어 보세요.

서술하기

중국어 공부는 회화도 중요하지만 서술도 중요합니다. 따라서 쉽고 재미있는 내용을 서술 형식으로 꾸며 보았습니다.

문법 해설

문법 설명이 아주 체계적이며 또 학습자들이 이해하기 어려운 비슷한 단어들을 한눈에 들어올 수 있도록 도표로 정리해 놓았습니다.

그림으로 배우는 중국어

회화에서 다룰 수 없는 유용한 단어와 표현을 그림 형식으로 꾸며 놓았습니다. 그림이 코믹하고 내용도 재미있습니다.

말하기 연습

기본 회화와 실전 회화를 배운 다음 자기 스스로가 말할 수 있는지 체크할 수 있는 연습문제입니다. 그림을 보고 대답을 하거나 질문을 하면 됩니다.

어휘 플러스

한국에서 쓰는 한문과 중국어 뜻이 일치하는 단어를 선정하여 중국어를 보다 쉽고 재미있게 배우도록 꾸몄습니다.

문형 연습

가장 기본적인 문형을 익히는 코너입니다.

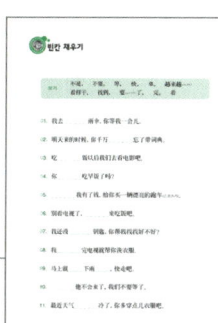

빈칸 채우기

본문에서 배운 단어를 활용하여 빈칸 채우기 연습을 해보시면 단어의 용법을 쉽게 이해할 수 있습니다.

교체 연습

그림을 잘 보고 교체 연습을 해보세요. 중국어 실력이 쑥쑥 늘어날 것입니다.

01 找到钥匙了吗?
열쇠를 찾았습니까?

기본 회화 단어

- U盘 U pán · USB 메모리
- 忘 wàng · 동 잊다
- 用 yòng · 동 필요하다
- 不用了 bú yòng le · 필요 없다
- 拿 ná · 동 (손에) 쥐다. 가지다
- 千万 qiānwàn · 부 절대로
- 不要 bú yào · …하지 마세요

실전 회화 단어 ①

- 完 wán · 동 다하다. 끝나다
- 做完饭了 zuò wán fàn le · 밥을 다해 놓았다
- 小明 Xiǎomíng · 샤오밍(애칭)
- 早 zǎo · 부 벌써. 일찍이
- 房间里 fángjiān li · 방 안
- 欸 éi · 감 놀람·의아함 등을 표시함
- 雨伞 yǔsǎn · 명 우산
- 一车雨伞 yì chē yǔsǎn · 한 트럭의 우산
- 糟糕 zāogāo · 아뿔싸. 야단났군
- 落 là · 동 빠뜨리다. (물건을) 놔두고 잊어버리다
- 地铁 dìtiě · 명 지하철
- 上次 shàngcì · 지난번
- 这次 zhècì · 이번

등 dǐng

- 等 děng · 동 기다리다
- 够 gòu · 형 충분하다
- 丢 diū · 동 잃어버리다
- 快(点儿) kuài(diǎnr) · 빨리
- 唠叨 láodao · 동 잔소리하다

실전 회화 단어 ②

- 找到了 zhǎo dào le · (찾으려던 것을 드디어) 찾았다
- 钥匙 yàoshi · 명 열쇠
- 好好儿 hǎohāor · 부 잘. 충분히
- 找遍了 zhǎo biàn le · (샅샅이) 찾아 보았다
- 洗 xǐ · 동 씻다. 빨다. 세탁하다
- 要…了 yào…le · 곧 …할 것이다
- 迟到 chídào · 동 지각하다
- 老公 lǎogōng · 명 남편(중국 남방지역의 방언)
- 洗手间 xǐshǒujiān · 명 화장실
- 跑到…去 pǎo dào…qù · …로 달아나다 (도망하다)
- 放在 fàng zài · …에 놓다
- 老 lǎo · 형 늙다
- 越来越… yuèláiyuè… · 점점. 더욱더
- 健忘 jiànwàng · 동 잘 잊어버리다
- 这么 zhème · 대 이렇게
- 看上去 kànshangqu · 보아하니

기본 회화

Ⓐ 我 的 U 盘 呢?
Wǒ de U pán ne?

제 USB 메모리는요?

Ⓑ 真 对不起, 我 忘 了。
Zhēn duìbuqǐ, wǒ wàng le.

정말 미안합니다. 깜박했어요.

Ⓐ 那 怎么 办? 今天 我 想 用。
Nà zěnme bàn? Jīntiān wǒ xiǎng yòng.

어떡하죠? 오늘 쓰려고 했는데.

Ⓑ 那 我 现在 回家 去 拿。
Nà wǒ xiànzài huíjiā qù ná.

그럼 제가 지금 집에 가서 가져올 게요.

Ⓐ 不 用 了, 明天 可 千万 不 要 忘 了。
Bú yòng le, míngtiān kě qiānwàn bú yào wàng le.
됐어요, 내일은 절대로 잊지 마세요.

회화 연습

书
shū

照相机
zhàoxiàngjī

A : 做完饭了吗?
Zuò wán fàn le ma?

B : 做完了, 你饿了吧?
Zuò wán le, nǐ è le ba?

A : 饿死我了, 小明呢?
È sǐ wǒ le, Xiǎomíng ne?

B : 早回来了, 在他房间里。
Zǎo huílai le, zài tā fángjiān li.

A : 那快点儿吃饭吧。
Nà kuàidiǎnr chīfàn ba.

B : 好的。欸, 雨伞呢?
Hǎo de. ế, yǔsǎn ne?

A : 什么雨伞?
Shénme yǔsǎn?

B : 今天早上你不是带雨伞去了吗?
Jīntiān zǎoshang nǐ bú shì dài yǔsǎn qù le ma?

A : 糟糕, 落在地铁里了。
Zāogāo, là zài dìtiě li le.

B : 上次是落在公共汽车里, 这次又落在地铁里了。
Shàngcì shì là zài gōnggòng qìchē li, zhècì yòu là zài dìtiě li le.

A : 等我有了钱给你买一车雨伞。
Děng wǒ yǒu le qián gěi nǐ mǎi yì chē yǔsǎn.

B : 一车雨伞也不够你丢的。
Yì chē yǔsǎn yě bú gòu nǐ diū de.

A : 好啦, 好啦, 别唠叨了, 快吃饭吧。
Hǎo la, hǎo la, bié láodao le, kuài chīfàn ba.

Ⓐ : 找 到 钥匙 了 吗?
Zhǎo dào yàoshi le ma?

Ⓑ : 没 有, 怎么 没 了 呢?
Méi yǒu, zěnme méi le ne?

Ⓐ : 再 好好儿 找 找。
Zài hǎohāor zhǎo zhao.

Ⓑ : 我 都 找 遍 了, 没 有 啊, 你 帮 我 找 找 好 不 好?
Wǒ dōu zhǎo biàn le, méi yǒu a, nǐ bāng wǒ zhǎo zhao hǎo bu hǎo?

Ⓐ : 等 等, 我 洗 完 手 就 帮 你 找。
Děng deng, wǒ xǐ wán shǒu jiù bāng nǐ zhǎo.

Ⓑ : 我 上班 要 迟到 了, 你 快 点儿。
Wǒ shàngbān yào chídào le, nǐ kuài diǎnr.

Ⓐ : 老公, 钥匙 在 洗手间 里。
Lǎogōng, yàoshi zài xǐshǒujiān li.

Ⓑ : 在 洗手间 里? 它 怎么 会 跑 到 那儿 去 了 呢?
Zài xǐshǒujiān li? Tā zěnme huì pǎo dào nàr qù le ne?

Ⓐ : 一定 是 你 放 在 这 里 的。
Yídìng shì nǐ fàng zài zhè li de.

Ⓑ : 看样子 我 真 有点儿 老 了, 最近 越来越 健忘。
Kànyàngzi wǒ zhēn yǒudiǎnr lǎo le, zuìjìn yuèláiyuè jiànwàng.

Ⓐ : 老公, 别 这么 说, 你 看上去 像 三十 多 岁。
Lǎogōng, bié zhème shuō, nǐ kànshangqu xiàng sānshí duō suì.

Ⓑ : 谢谢 你, 老婆, 晚上 见!
Xièxie nǐ, lǎopó, wǎnshang jiàn!

Ⓐ : 晚上 见!
Wǎnshang jiàn!

你最先扔什么?

现在 你 坐 着 马车 旅行,
Xiànzài nǐ zuò zhe mǎchē lǚxíng,

马车 上 有 老虎、狗、猪 和 猴子。
mǎchē shang yǒu lǎohǔ, gǒu, zhū hé hóuzi.

可是 突然 你 的 马车 坏 了,
Kěshì tūrán nǐ de mǎchē huài le,

不 能 拉 太 多 的 东西,
bù néng lā tài duō de dōngxi,

那么 你 最 先 扔 什么?
nàme nǐ zuì xiān rēng shénme?

● **테스트 방법** : 위의 문장을 잘 읽어 보고 무엇을 먼저 버릴 것인지 순서를 정해 보세요.

(   )   (   )   (   )   (   )

심리테스트 단어

坐 zuò • 타다. 앉다	老虎 lǎohǔ • 호랑이	突然 tūrán • 갑자기
马车 mǎchē • 마차	狗 gǒu • 개	坏 huài • 망가지다
坐着 马车 zuò zhe mǎchē • 마차를 타고	猪 zhū • 돼지	拉 lā • 끌다
马车上 mǎchē shang • 마차 위에	猴子 hóuzi • 원숭이	最先 zuìxiān • 우선
旅行 lǚxíng • 여행을 하다	可是 kěshì • 그러나	扔 rēng • 버리다

1 결과보어

정의 : 결과보어란 동사 뒤에서 동작의 결과를 보충·설명하는 보어를 가리킨다. 즉
어떤 동작을 하였는데 그 결과가 어떠하다는 뜻을 나타낸다.

주어 + 동사 + 결과보어 + 목적어

我找到钥匙了。 열쇠를 (드디어) 찾았다.
我吃完饭了。 밥을 다 먹었다.

2 결과보어 "到"

흔히 결과보어와 동작의 완료를 나타내는 '了'를 혼동하기 쉽다. 어떤 물건을
'찾았었다'라는 표현은 '找了'로 표현하는데, '找了'는 찾았는지 찾지 못했는지
그 결과를 알 수 없다. 이때 결과보어 '找到了'로 표현하면 '찾으려던 것을 드디어
찾았다'라는 뜻으로 찾는 목적에 달성하였음을 나타낼 수 있다. 참고로 '没找'는
'찾지 않았다'라는 뜻이고, '没找到'는 '찾아보았지만 찾지 못했다'라는 뜻이다.

我买到票了。 (사려던) 표를 (드디어) 샀다.

3 결과보어의 특징

(1) 일반적으로 동사·형용사·전치사가 결과보어로 쓰인다.

抓住。 꽉 잡으세요.(동사 '住'가 결과보어임)
你说对了。 당신이 말씀하신 것이 맞습니다.(형용사 '对'가 결과보어임)
放在这里吧。 여기에 놓으세요. (전치사 '在'가 결과보어임)

(2) 결과보어는 동작의 완료를 나타내는 '了'와 같이 쓰는 경우가 많다.

对不起, 我来晚了。 늦어서 미안합니다.

(3) 문장에 '了'가 있으면 '没'로 부정한다.

我没吃完饭。 저는 밥을 다 먹지 않았습니다.

4 자주 쓰는 결과보어

결과보어	뜻	예 문
好	동작이 잘 마무리되거나 잘 진행되었음을 나타냄.	准备好了。 준비를 다해 놓았다. 约好了。 약속을 다해 놓았다.
对	"동작의 결과가 맞다"라는 뜻을 나타냄.	你说对了。 당신이 말씀하신 것이 맞습니다. 你算对了。 당신이 계산하신 것이 맞습니다.
错	동작의 결과가 틀렸음을 나타냄.	你打错了。 (전화를) 잘못 걸었습니다. 我做错了。 제가 잘못했습니다.
干净	어떤 동작을 통해 "깨끗해지다"라는 뜻을 나타냄.	洗干净了。 깨끗하게 씻었다. 擦干净了。 깨끗하게 닦았다.
惯	동작을 통해 "어떤 일이나 생활에 익숙해지고 습관이 되다"라는 뜻.	在韩国住惯了。 한국에서 사는 것이 적응되었다. 吃惯了中国菜。 중국 요리에 익숙해졌다.
多	"많이 …했다"라는 뜻을 나타냄.	吃多了。 많이 먹었다. 买多了。 많이 샀다.
清楚	"어떤 동작을 확실하게, 분명히 하다"라는 뜻을 나타냄.	说清楚点儿。 확실하게 말해. 看清楚了。 확실하게 보았다.
光	동작을 통해 "어떤 물건이 모두 없어지다"라는 뜻을 나타냄.	吃光了。 다 먹어버렸다. 卖光了。 다 팔렸다.
大	"눈이나 입을 크게 벌리거나 무엇을 더 크게 하다"라는 뜻.	张大嘴。 입을 크게 벌리세요. 睁大眼睛。 눈을 크게 뜨세요.
完	동작의 완료를 나타냄.	看完了。 다 봤다. 吃完了。 다 먹었다.
见	"동작을 통해 사람이나 사물을 보거나 보인다"는 뜻을 나타냄.	看见了。 보았다. 보인다. 听见了。 들린다. 들었다.
住	"사람이나 사물을 한 곳에 고정시킨다"는 뜻을 나타냄.	抓住。 꽉 잡으세요. 记住。 기억해 두세요.
到 1	동작을 통해 어떤 목적에 달성하였음을 나타냄.	买到了。 (사려던 것을) 샀다. 找到了。 (찾으려던 것을) 찾았다.

결과보어	뜻	예 문
到 2	동작이 언제까지, 또는 어디까지 진행되었음을 나타냄.	送到办公室。 사무실로 보내주세요. 睡到6点。 6시까지 자다.
会	"학습을 통해 터득하다"는 뜻을 나타냄.	学会了。 배워서 알게 되었다. 看会了。 보아서 알게 되었다.
着	到 1과 같이 동작을 통해 어떤 목적에 달성하였음을 나타냄.	睡着了。 잠들었다. 借着了。 (빌리려던 것을) 빌렸다.
在	어떤 장소에 동작이 이루어짐을 나타냄.	放在这儿。 여기에 놓으세요. 停在这儿。 여기에 세우세요.
懂	"동작을 통해 이해하다"라는 뜻을 나타냄.	听懂了。 들어서 이해가 되었다. 看懂了。 보아서 이해가 되었다.
给	"사람이나 사물을 어디에 보내다 또는 맡기다"라는 뜻.	交给老师。 선생님에게 제출하다. 寄给你。 당신에게 부쳐드리겠습니다.
上	전등, TV 등을 끄거나 도달하기 어려운 목적에 달성하였음을 나타냄.	关上灯。 등을 끄세요. 考上大学了。 대학에 합격했다. 爱上了她。 그녀를 사랑하게 되었다.
成	"동작을 통해 다른 것으로 바꾸다 또는 다른 것으로 간주하다"라는 뜻.	翻译成汉语。 중국어로 옮기다. 染成黑色。 검은색으로 염색하다.
死	"죽을 지경이다"라는 뜻으로 정도가 최고에 달했음을 나타냄.	饿死了。 배고파 죽겠다. 热死了。 더워 죽겠다.
坏	"어떤 동작을 통해 망가지다"라는 뜻.	弄坏了。 망가뜨렸다. 摔坏了。 떨어뜨려서 망가졌다.
脏	"어떤 동작을 통해 더러워지다"라는 뜻.	弄脏了。 더러워졌다.
没	"동작을 통해 어떤 물건이 모두 없어지다"라는 뜻	卖没了。 다 팔렸다. 用没了。 다 써버렸다.
开	"동작을 통해 닫혀있거나 꺼져있던 것을 펼치거나 켜다"라는 뜻을 나타냄.	打开书。 책을 펼치세요. 打开电视。 텔레비전을 켜세요.

chī wán fàn le ma?
吃完饭了吗?
밥을 다 먹었어?

xiě wán zuòyè le ma?
写完作业了吗?
숙제를 다 했어?

kàn wán diànshì le ma?
看完电视了吗?
TV를 다 봤어?

dǎ wán lánqiú le
打完篮球了
농구를 다 했다

dǎ wán diànhuà le
打完电话了
전화를 다 했다

dǎ wán xíngli le
打完行李了
짐을 다 쌌다

mǎi wán dōngxi yǐhòu
买完东西以后
쇼핑을 한 다음

yóu wán yǒng yǐhòu
游完泳以后
수영을 한 다음

pá wán shān yǐhòu
爬完山以后
등산을 한 다음

기본 문장 익히기

❀ 그림을 잘 보고 보기의 글을 순서에 맞추어 쓰세요.

❶ 보기　　带，我，对不起，了，钥匙，真，忘

❷ 보기　　吃，完，就，我，饭，你，帮，衣服，洗

❸ 보기　　越来越，最近，冷，天气(tiānqì 날씨)，了

🟢 어휘 플러스

❶ U盘 : _____ 쟁반, _____ 디스켓, _____ 하드디스크, _____ CD
U pán

> ▶▶▶
> ⓐ C盘   ⓑ A盘   ⓒ 光盘   ⓓ 托盘
>   C pán   A pán   guāngpán   tuōpán

❷ 千万 : _____ 천신만고, _____ 천차만별, _____ 천리마
qiānwàn

> ▶▶▶
> ⓐ 千差万别   ⓑ 千里马   ⓒ 千辛万苦
>   qiān chā wàn bié   qiānlǐmǎ   qiān xīn wàn kǔ

❸ 雨伞 : _____ 빗물, _____ 우후죽순, _____ 비가 오는 날, _____ 우의
yǔsǎn

> ▶▶▶
> ⓐ 雨后春笋   ⓑ 雨水   ⓒ 雨衣   ⓓ 雨天
>   yǔ hòu chūn sǔn   yǔshuǐ   yǔyī   yǔtiān

❹ 房间 : _____ 집(건물), _____ 집주인, _____ 집세, _____ 부동산
fángjiān

> ▶▶▶
> ⓐ 房东   ⓑ 房租   ⓒ 房地产   ⓓ 房子
>   fángdōng   fángzū   fángdìchǎn   fángzi

❺ 地铁 : _____ 땅값, _____ 지하, _____ 지리, _____ 지명
dìtiě

> ▶▶▶
> ⓐ 地下   ⓑ 地价   ⓒ 地理   ⓓ 地名
>   dìxià   dìjià   dìlǐ   dìmíng

보기	不是,　　不要,　　等,　　快,　　拿,　　越来越……
	看样子,　　找到,　　要……了,　　完,　　看

01. 我去_____雨伞, 你等我一会儿。

02. 明天来的时候, 你千万_____忘了带词典。

03. 吃_____饭以后我们去看电影吧。

04. 你_____吃早饭了吗?

05. _____我有了钱, 给你买一辆漂亮的跑车(스포츠카)。

06. 别看电视了, _____来吃饭吧。

07. 我还没_____钥匙, 你帮我找找好不好?

08. 我_____完电视就帮你洗衣服。

09. 马上就____下雨____, 快走吧。

10. _____他不会来了, 我们不要等了。

11. 最近天气_____冷了, 你多穿点儿衣服吧。

🟢 교체 연습

보기

A： 找到袜子(wàzi, 양말)了吗?

B： 没找到。

---

①

买 火车票
mǎi huǒchēpiào

②

找 钱包
zhǎo qiánbāo

③

做 饭
zuò fàn

④

打 字
dǎ zì

⑤

赶 火车
gǎn huǒchē

⑥

考 大学
kǎo dàxué

02 你在干什么呢?
뭐하고 있어?

:: 기본 회화 단어

□ (正)在…呢 (zhèng)zài…ne • 동작의 진행을 나타냄

□ 逛街 guàngjiē • 동 거리를 거닐다

□ 写作业 xiě zuòyè • 숙제를 하다

:: 실전 회화 단어 ①

□ 起来 qǐlai • 동 일어나다

□ 睡 shuì • 동 자다

□ 没睡够 méi shuì gòu • 충분히 자지 못했다

□ 都 dōu • 부 벌써. 이미

□ 怎么 zěnme • 대 왜

□ 起床 qǐchuáng • 동 기상하다

□ 周日 zhōurì • 명 일요일

□ 多睡会儿 duō shuì huìr • 좀 많이 자다

□ 说好了 shuō hǎo le • 약속해 놓았다

□ 洗澡 xǐzǎo • 동 목욕하다

□ 行 xíng • 형 괜찮다. 좋다

□ 自己 zìjǐ • 대 스스로

□ 大懒虫 dàlǎnchóng • 명 게으름뱅이

:: 실전 회화 단어 ②

□ 喂 wèi/wéi • 감 여보세요

□ 干吗 gànmá • 대 어째서(구어)

□ 站 zhàn • 동 서다 명 (기차·버스·터미널 등)역

□ 着 zhe • 조 동사 뒤에 와서 동작의 지속을 나타냄

□ 坐 zuò • 동 1. 앉다 2. (기차·버스·비행기 등을)타다

□ 啊 a • 조 문장의 끝에 쓰여 명령의 어기를 나타냄

□ 下一站 xià yí zhàn • 다음 역

□ 下车 xiàchē • 동 하차하다

□ 不…了 bù…le • …하지 않을 것이다

□ 东西 dōngxi • 명 물건

□ 小说 xiǎoshuō • 명 소설

□ 觉得 juéde • 동 …라고 생각하다

□ 利用 lìyòng • 동 이용하다. 활용하다

□ 要不然 yàoburán • 접 그렇지 않으면

□ 生活 shēnghuó • 명 생활

□ 单调 dāndiào • 형 단조롭다

□ 老样子 lǎoyàngzi • 명 옛 모습

□ 辛勤 xīnqín • 형 부지런하다

□ 认真 rènzhēn • 형 착실하다. 진지하다

□ 肯干 kěngàn • 동 자발적으로 일을 하다

□ 好像 hǎoxiàng • 동 …인 것 같다

□ 明洞站 Míngdòngzhàn • 명동역(지명)

□ 明儿 míngr • 명 내일(북경 방언)

기본 회화

A 你在干什么呢?
Nǐ zài gàn shénme ne?

너 뭐하고 있어?

B 吃饭呢。
Chī fàn ne.

밥을 먹고 있어.

A 吃完饭以后干什么?
Chī wán fàn yǐhòu gàn shénme?

밥을 먹고 나서 뭐할 건데?

B 没什么事儿。
Méi shénme shìr.

아무 일도 없어.

A 那我们一起去逛街吧。
Nà wǒmen yìqǐ qù guàngjiē ba.

그럼 우리 같이 아이쇼핑하러 가자.

B 好啊。
Hǎo a.

좋아.

회화 연습

洗衣服
xǐ yīfu

写作业
xiě zuòyè

Ⓐ : 喂, 小明, 是 我, 你 干 什么 呢?
Wèi, Xiǎomíng, shì wǒ, nǐ gàn shénme ne?

Ⓑ : 我 正在 睡觉 呢。
Wǒ zhèngzài shuìjiào ne.

Ⓐ : 快 起来 啊!
Kuài qǐlai a!

Ⓑ : 我 还 没 睡 够 呢。
Wǒ hái méi shuì gòu ne.

Ⓐ : 都 十 点 了, 怎么 还 不 起床 啊?
Dōu shí diǎn le, zěnme hái bù qǐchuáng a?

Ⓑ : 今天 是 周日, 我 想 多 睡 会儿。
Jīntiān shì zhōurì, wǒ xiǎng duō shuì huìr.

Ⓐ : 我们 不 是 说 好 了 一起 去 洗澡 吗?
Wǒmen bú shì shuō hǎo le yìqǐ qù xǐzǎo ma?

Ⓑ : 下午 去 不 行 吗?
Xiàwǔ qù bù xíng ma?

Ⓐ : 下午 去 人 太 多。
Xiàwǔ qù rén tài duō.

Ⓑ : 那 你 自己 去 吧, 我 想 再 睡 会儿。
Nà nǐ zìjǐ qù ba, wǒ xiǎng zài shuì huìr.

Ⓐ : 你 这 个 大 懒虫。
Nǐ zhè ge dà lǎnchóng.

실전 회화 ②

A : 干吗 站 着, 坐 啊!
Gànmá zhàn zhe, zuò a!

B : 下 一 站 我 就 下车 了, 不 坐 了。
Xià yí zhàn wǒ jiù xiàchē le, bú zuò le.

A : 你 手 里 拿 着 什么 东西?
Nǐ shǒu li ná zhe shénme dōngxi?

B : 是 小说。
Shì xiǎoshuō.

A : 你 还 有 空儿 看 小说 啊?
Nǐ hái yǒu kòngr kàn xiǎoshuō a?

B : 每天 坐 地铁 的 时候 看 点儿 书, 我 觉得 挺 好 的。
Měitiān zuò dìtiě de shíhou kàn diǎnr shū, wǒ juéde tǐng hǎo de.

A : 你 可 真 会 利用 时间。
Nǐ kě zhēn huì lìyòng shíjiān.

B : 只能 这样, 要不然 生活 太 单调 了。
Zhǐnéng zhèyàng, yàoburán shēnghuó tài dāndiào le.

A : 你 还是 老样子, 辛勤、肯干、认真。
Nǐ háishi lǎoyàngzi, xīnqín, kěngàn, rènzhēn.

B : 谢谢 你 的 夸奖。
Xièxie nǐ de kuājiǎng.

A : 好像 到 明洞 站 了, 快 下车 吧。
Hǎoxiàng dào Míngdòng zhàn le, kuài xiàchē ba.

B : 明儿 见!
Míngr jiàn!

A : 明儿 见!
Míngr jiàn!

27

서술하기

今天 是 中秋节, 我 奶奶 家 非常 热闹。我 大爷 家 四 口 人、二
Jīntiān shì Zhōngqiūjié, wǒ nǎinai jiā fēicháng rènao. Wǒ dàye jiā sì kǒu rén, èr

大爷 家 五 口 人、叔叔 家 三 口 人, 还 有 我 家 四 口 人 都 来 到
dàye jiā wǔ kǒu rén, shūshu jiā sān kǒu rén, hái yǒu wǒ jiā sì kǒu rén dōu lái dào

了 乡下 我 奶奶 家。我 大爷 跟 我 二大爷 正在 摘 辣椒, 我 爸爸 正在
le xiāngxià wǒ nǎinai jiā. Wǒ dàye gēn wǒ èrdàye zhēngzài zhāi làjiāo, wǒ bàba zhèngzài

给 花 浇 水, 我 妈 跟 我 大娘 正在 做饭, 我 二大娘 正在 擦 地。孩
gěi huā jiāo shuǐ, wǒ mā gēn wǒ dàniáng zhèngzài zuòfàn, wǒ èrdàniáng zhèngzài cā dì. Hái

子们 呢, 在 院子 里 跑 来 跑 去, 我 爷爷 和 奶奶 呢, 在 房间 里 走
zimen ne, zài yuànzi li pǎo lái pǎo qù, wǒ yéye he nǎinai ne, zài fángjiān li zǒu

来 走 去, 好像 也 很 忙。
lái zǒu qù, hǎoxiàng yě hěn máng.

서술하기 단어

中秋节 Zhōngqiūjié · 추석	花 huā · 꽃	跑来跑去 pǎo lái pǎo qù · 이리저리 뛰어다니다
大爷 dàye · 큰아버지	浇水 jiāo shuǐ · (꽃 · 밭 등에)물을 주다	走来走去 zǒu lái zǒu qù · 왔다갔다하다
二大爷 èr dàye · 둘째 큰아버지	大娘 dàniáng · 큰어머니	
叔叔 shūshu · 삼촌	擦地 cā dì · 바닥을 닦다	
乡下 xiāngxià · 시골	院子 yuànzi · 정원	

28

1 진행태

정의 : 진행태란 동작이 지금 진행되고 있다는 것을 가리킨다. 동작의 진행태는 '(正)在……呢'를 사용한다.

> 주어 + (正)在 + 동사 + 목적어 + 呢

我正在吃饭呢。 나는 밥을 먹고 있다.
我在看电视。 나는 텔레비전을 보고 있다.
我看书呢。 나는 책을 보고 있다.

주의 : 이상의 예문을 통해서 우리는 진행을 나타내는 '(正)在……呢' 중에서 '在'나 '正在' 아니면 '呢' 하나만 있어도 진행을 나타낼 수 있다는 것을 알 수 있다.

2 지속태 "着"

정의 : 지속태는 어떤 상태가 계속하여 지속되고 있는 것을 가리킨다. 지속태는 동사·형용사 뒤에 동태조사 '着'를 사용한다.

桌子上放着一本中韩词典。
책상 위에는 중한사전 한 권이 놓여져 있다.

孩子们都睡了, 可是屋里还亮着灯。
아이들은 모두 잠들었는데, 방에는 등이 켜져 있다.

주의 : 지속태는 어떤 상태가 계속하여 지속되고 있음을 나타낸다. 이러한 지속상태는 계속 유지할 수 있지만, 진행태는 그렇지 못하다. 진행태는 어떤 동작이 지금 진행되고 있다는 뜻을 나타내는데, 이러한 동작의 진행은 언젠가는 끝날 것이다.

桌子上放着一本书。
책상 위에는 책 한 권이 놓여 있다. (책이 책상 위에 놓여져 있는 상태는 계속하여 유지될 수 있다.)

他正在吃饭。 그는 밥을 먹고 있다.
(밥을 먹는 동작은 계속하여 지속 될 수 없고 언젠가는 반드시 끝날 것이다.)

3 "着"의 기타 용법

'着'가 동사의 뒤에 붙어 동작의 방식·수단을 나타낼 수 있다.

我们走着去吧。 우리 걸어서 갑시다.
笑着说。 웃으면서 이야기하다.

4 "一点儿"와 "有点儿"의 비교

단어	용법	예문
有点儿 yǒudiǎnr	(1) 有点儿 + 형용사 약간의 불만을 나타냄	有点儿累。 좀 힘들어요. 有点儿贵。 좀 비싸요.
	(2) 有点儿 + 동사 약간의 불만을 나타냄	有点儿咳嗽(késou)。 기침 좀 해요. 有点儿发烧(fāshāo)。 열이 좀 나요.
一点儿 yìdiǎnr	(1) 긍정적 형용사 + (一)点儿 부드러운 명령을 나타냄	安静点儿! 조용히 하세요! 快点儿! 빨리!
	(2) (一)点儿 + 명사 적은 양을 나타냄	给我一点儿钱。 돈 좀 주세요. 再给我一点儿饭。 밥 좀 더 주세요.

5 "有"와 "在"의 구별

단어	용법	예문
在 zài	(1) 사물 + 在 + 장소/방위사	钥匙在桌子上。 열쇠는 테이블 위에 있다.
	(2) 사람 + 在 + 장소/방위사	爸爸在客厅里。 아빠는 거실에 계셔.
有 yǒu	(1) 장소/방위사 + 有 + 사람	教室里有三个学生。 교실에 학생이 세 명 있다.
	(2) 장소/방위사 + 有 + 사물	办公室里有空调。 사무실에 에어컨이 있다.

6 "还", "又", "也"의 구별

단어	뜻	예문
还 hái	아직	我还没结婚。 저는 아직 결혼하지 않았어요. 我还没吃饭呢。 저는 아직 밥을 안 먹었습니다.
	…뿐만 아니라 …도	我会英语, 还会汉语。 저는 영어도 할 줄 알고, 중국어도 할 줄 압니다.
又 yòu	또 (반복 또는 연속을 나타냄)	你又出差啊？ 또 출장가요? 你又喝酒了？ 또 술 드셨어요? 看了又看。 보고 또 보고.
也 yě	역시, …도	我是韩国人, 她也是韩国人。 저는 한국인입니다, 그녀도 한국인입니다.

7 "或者"와 "还是"의 구별

단어	용법	예문
还是 háishi	(1) 그래도 …하는 편이 더 좋다 (서술문에 쓰임)	还是坐火车吧。 기차를 타고 가는 편이 더 좋겠네요.
	(2) 아니면 (의문문에 쓰임)	你去中国还是美国？ 중국에 가실 겁니까, 아니면 미국에 가실 겁니까?
或者 huòzhě	(1) 어쩌면 (서술문에서 추측을 나타냄)	快点儿走, 或者还赶得上火车。 빨리 가자, 어쩌면 기차를 탈 수도 있어.
	(2) …든지 (서술문에 쓰임)	或者你去, 或者我去, 都行。 네가 가든지, 내가 가든지 다 괜찮다.

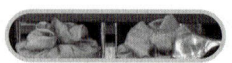 **문법 해설**

8 정도의 차이

좋다	미안하다	감사하다	힘들다
还可以 그런대로 괜찮다	真不好意思 미안합니다	谢谢 감사합니다	挺累的 너무 힘들다
比较好 비교적 좋다	真对不起 너무 죄송합니다	多谢 대단히 감사합니다	太累了 너무 힘들다
很好 매우 좋다	真抱歉 정말 미안하게 되었습니다	太谢谢你了 대단히 감사합니다	累极了 너무너무 힘들다
非常好 아주 좋다	请原谅 용서해 주세요	非常感谢 대단히 감사합니다	累死了 힘들어 죽겠다
비고	위에서 아래로 정도가 점점 강함		

9 남녀유별

여자	뜻	남자	뜻
长得很漂亮	예쁘게 생겼다	长得很帅	잘 생겼다
性格很温柔	성격이 온유하다	性格很豪放	성격이 호방하다
狐狸精	여우 같은 년	花花公子	플레이보이
撒娇	애교부리다		
身材很苗条	몸매가 날씬하다	身材很魁梧 身材很高大	체격이 우람하다 체격이 크다
비고	위와 같이 남자와 여자에게 쓰는 표현이 다름		

'10 비슷한 단어의 비교

	단어	뜻	예문
1	都	'모두' 라는 뜻으로 수량과 상관 없이 어떤 범위를 총괄한다.	我们都是韩国人。 假期里你都到哪里去玩儿了？
	一共	'모두, 합계' 라는 뜻으로 수량을 총괄한다.	一共多少钱？ 我们公司一共有34个职员。
2	几	'몇' 이라는 뜻으로 주로 10 이하의 수와, 연월일시를 나타낸다.	你要几个？ 今天几月几号？
	多少	'얼마' 라는 뜻으로 주로 10 이상의 수를 나타낸다.	你要多少？ 你们班有多少学生？
3	二	숫자를 셀 때나, 소수·분수·서수에서는 '二'를 씀.	一，二，三，四，五…… 二分之一，第二
	两	양사 앞에서는 '两'을 씀. 연월일시 앞에서도 '两'을 씀.	两个人，两本书，两张桌子 两年，两个月，两天，两点
4	从… 到…	'…부터 …까지' 라는 뜻으로 시간과 장소의 출발점과 종점을 나타냄.	上午从8点到12点上课。 从首尔到釜山大概有400公里。
	从… (开始)	'…로부터' 라는 뜻으로 장소와 시간의 출발점을 나타냄.	从八点开始考试。 你从哪儿来？
	离	(1) 공간적 거리를 나타냄.	我家离公司很远。 首尔离釜山有多远？
		(2) '…까지 시간이 얼마 남았다' 라는 뜻을 나타냄. 뒤에 주로 동사가 온다.	离下课还有5分钟。 离下班还有两个小时。
5	没	(1) '有'의 부정은 '没有'이다.	我没有汽车。
		(2) 동사 앞에 쓰일 경우 과거에 대한 부정이다.	我没结婚。 我没吃饭。
	不	(1) '是'의 부정은 '不是'이다.	我不是老师。
		(2) 형용사의 부정은 '不'로한다	我不累。
		(3) 동사 앞에 쓰일 경우 현재 및 미래에 대한 부정 또는 '경상적으로 …을 하지 않는다'의 의미로도 쓰임.	我不去。 我不吃早饭。

그림으로 배우는 중국어

A : 他正在干什么呢?

B : 他＿＿＿＿＿＿＿。

zhèngzài shài tàiyáng
正在 晒 太阳
햇볕을 쬐다

zhèngzài dǎ shātān páiqiú
正在 打 沙滩 排球
비치 발리볼을 하고 있다

zhèngzài duī shāzi
正在 堆 沙子
모래를 쌓고 있다

zhèngzài dǎshuǐzhàng ne
正在 打水仗 呢
물놀이를 하고 있다

zhèngzài huáchuán ne
正在 划船 呢
배를 젓고 있다

zhèngzài hē píjiǔ ne
正在 喝啤酒 呢
맥주를 마시고 있다

zài dā zhàngpeng
在 搭 帐篷
텐트를 치고 있다

zài qiánshuǐ
在 潜水
잠수를 하고 있다

zài huáshuǐ
在 滑水
수상스키를 타고 있다

기본 문장 익히기

🐞 그림을 잘 보고 보기의 글을 순서에 맞추어 쓰세요.

❶ 보기 　爸爸，电视，看，在，我，写，在，作业

❷ 보기 　不，说，了，是，好，去，一起，电影，看，我们，吗

❸ 보기 　他，拿，本，一，手，词典，里，着

🟢 어휘 플러스

❶ 作业 : _____ 작곡하다, _____ 작문, _____ 작품, _____ 작가
zuòyè

▸▸▸
- ⓐ 作文 zuòwén
- ⓑ 作家 zuòjiā
- ⓒ 作品 zuòpǐn
- ⓓ 作曲 zuòqǔ

❷ 睡觉 : _____ 자각적이다, _____ 감각, _____ 시각 _____ 청각
shuìjiào

▸▸▸
- ⓐ 感觉 gǎnjué
- ⓑ 自觉 zìjué
- ⓒ 视觉 shìjué
- ⓓ 听觉 tīngjué

❸ 周日 : _____ 주기성, _____ 주간, _____ 주위, _____ 주말
zhōurì

▸▸▸
- ⓐ 周末 zhōumò
- ⓑ 周围 zhōuwéi
- ⓒ 周刊 zhōukān
- ⓓ 周期性 zhōuqīxìng

❹ 暗示 : _____ 암암리에, _____ 암초, _____ 암호, _____ 암살하다
ànshì

▸▸▸
- ⓐ 暗杀 ànshā
- ⓑ 暗号 ànhào
- ⓒ 暗礁 ànjiāo
- ⓓ 暗暗 àn'àn

❺ 内向 : _____ 내부, _____ 내과, _____ 내용, _____ 내의
nèixiàng

▸▸▸
- ⓐ 内衣 nèiyī
- ⓑ 内部 nèibù
- ⓒ 内科 nèikē
- ⓓ 内容 nèiróng

빈칸 채우기

| 보기 | 着，离，老样子，下，都，要不然，再，说好，逛
空儿，好像 |

01. 明天我们一起去_____商店吧。

02. _____12点了，快去睡觉吧。

03. 我们不是_____了一起去看电影吗？

04. 他手里拿_____一本中韩词典。

05. 今天是星期天，我想_____睡一会儿。

06. 你坐吧，我_____一站就下车了。

07. 你现在有没有_____？

08. _____你一个人去吧。

09. _____到首尔站了，我们准备下车吧。

10. 你还是_____，没什么大的变化。

11. 电影院_____这儿不太远，我们走着去吧。

보기

A： 他在干什么呢?

B： 他在晒太阳。

①

钓鱼
diàoyú

② 洗碗
xǐwǎn

③

打扫 房间
dǎsǎo fángjiān

④

擦 玻璃
cā　bōlí

⑤

吃 苹果
chī píngguǒ

⑥

喝水
hēshuǐ

03 明天天气怎么样?

내일 날씨가 어떻습니까?

기본 회화 단어

- 天气 tiānqì · 몡 날씨
- 预报 yùbào · 몡 통 예보(하다)
- 阴天 yīntiān · 몡 흐린 날씨
- 晴天 qíngtiān · 몡 맑은 날씨
- 小雨 xiǎoyǔ · 몡 가랑비
- 最高 zuìgāo · 혱 최고이다
- 气温 qìwēn · 몡 기온
- 度 dù · 양 (기온·술의) 도
- 最低 zuìdī · 혱 최저이다
- 大雪 dàxuě · 몡 큰 눈
- 风 fēng · 몡 바람
- 零下 língxià · 몡 영하

실전 회화 단어 ①

- 呼吸 hūxī · 통 호흡하다
- 新鲜 xīnxiān · 혱 신선하다
- 空气 kōngqì · 몡 공기
- 樱花 yīnghuā · 몡 벚꽃
- 下雨 xiàyǔ · 통 비가 내리다
- …的话 …dehuà · 조 …하다면
- 落 luò · 통 떨어지다
- 但愿 dànyuàn · 단지 …을 원하다

실전 회화 단어 ②

- 好好儿的 hǎohāor de · 혱 멀쩡하다
- 突然 tūrán · 뷔 갑자기 혱 갑작스럽다
- 下起雨来 xià qǐ yǔ lai · 비가 내리기 시작하다
- 女人 nǚrén · 몡 여자
- 心 xīn · 몡 마음
- 叫 jiào · 통 (사역의 의미로 쓰여)…하도록 (하게) 하다
- 难以 nányǐ · 혱 …하기 어렵다(곤란하다)
- 捉摸 zhuōmō · 통 짐작하다. 헤아리다
- 感慨 gǎnkǎi · 몡 통 감개(하다)
- 干活儿 gànhuór · 일을 하다
- 一…就… yī…jiù… · …하자 곧 …하다
- 下雨天 xiàyǔ tiān · 비가 오는 날
- 心情 xīnqíng · 몡 기분. 심정
- 郁闷 yùmèn · 혱 마음이 답답하고 괴롭다
- 情绪 qíngxù · 몡 정서. 사기
- 低落 dīluò · 통 떨어지다. 하락하다
- 吵架 chǎojià · 통 다투다. 말다툼하다
- 哪儿的话 nǎr de huà · 천만의 말씀입니다
- 顺利 shùnlì · 혱 순조롭다
- 领 lǐng · 통 안내하다. 인솔하다
- 地方 dìfang · 몡 장소. 곳
- 到时候 dào shíhou · 그때 가서

기본 회화

A 你 听 天气 预报 了 吗?
Nǐ tīng tiānqì yùbào le ma?
일기예보를 들으셨습니까?

B 听 了。
Tīng le.
들었습니다.

A 明天 天气 怎么样?
Míngtiān tiānqì zěnmeyàng?
내일 날씨가 어떻습니까?

B 天气 预报 说 明天 是 阴天, 有 小雨,
Tiānqì yùbào shuō míngtiān shì yīntiān, yǒu xiǎoyǔ,
일기예보에서 말하기를 내일은 흐리고 비가 조금 오며,

最高 气温 24 度, 最低 气温 16 度。
zuìgāo qìwēn èrshísì dù, zuìdī qìwēn shíliù dù.
최고 기온은 24도, 최저 기온은 16도라고 하였습니다.

회화 연습

阴天, 有 大雪
yīntiān, yǒu dàxuě

晴天, 有 风
qíngtiān, yǒu fēng

실전 회화 ❶

A : 最近 天气 可 真 好! 不 冷 也 不 热。
Zuìjìn tiānqì kě zhēn hǎo! bù lěng yě bú rè.

B : 是 啊! 天气 这么 好, 我们 应该 出去 呼吸 一下 新鲜 空气。
Shì a! tiānqì zhème hǎo, wǒmen yīnggāi chūqu hūxī yíxià xīnxiān kōngqì.

A : 去 哪儿 玩儿 好 呢?
Qù nǎr wánr hǎo ne?

B : 去 哪儿 玩儿 都 可以。
Qù nǎr wánr dōu kěyǐ.

A : 你 看 过 樱花 吗?
Nǐ kàn guo yīnghuā ma?

B : 没 有, 只是 在 电视 里 看 过。
Méi yǒu, zhǐshì zài diànshì li kàn guo.

A : 那 我们 就 去 看 樱花 吧。
Nà wǒmen jiù qù kàn yīnghuā ba.

B : 太 好 了。
Tài hǎo le.

A : 不过 下雨 的话 就 不 能 去 了。
Búguò xiàyǔ dehuà jiù bù néng qù le.

B : 为什么?
Wèishénme?

A : 因为 下雨 的话 樱花 就 都 落 了。
Yīnwèi xiàyǔ dehuà yīnghuā jiù dōu luò le.

B : 但愿 这 个 周末 不 下雨。
Dànyuàn zhè ge zhōumò bú xiàyǔ.

A : 但愿 吧。
Dànyuàn ba.

A : 刚才 还 好好儿 的, 怎么 会 突然 下 起 雨 来 呢?
Gāngcái hái hǎohāor de, zěnme huì tūrán xià qǐ yǔ lai ne?

B : 今天 这 天气 呀, 跟 女人 的 心 一样, 真 叫 人 难以 捉摸 啊!
Jīntiān zhè tiānqì ya, gēn nǚrén de xīn yíyàng, zhēn jiào rén nányǐ zhuōmō a!

A : 感慨 什么 呀? 快点儿 干活儿 吧。
Gǎnkǎi shénme ya? Kuàidiǎnr gànhuór ba.

B : 我 一 到 下雨天 心情 就 郁闷。
Wǒ yí dào xiàyǔtiān xīnqíng jiù yùmèn.

A : 你 最近 情绪 怎么 这么 低落 啊?
Nǐ zuìjìn qíngxù zěnme zhème dīluò a?

B : 我 也 不 知道。
Wǒ yě bù zhīdào.

A : 是 不 是 跟 你 爱人 吵架 了?
Shì bu shì gēn nǐ àiren chǎojià le?

B : 哪儿 的 话。
Nǎr de huà.

A : 那 是 不 是 工作 不 太 顺利?
Nà shì bu shì gōngzuò bú tài shùnlì?

B : 也 不 是。
Yě bú shì.

A : 那 我 领 你 去 一 个 地方。
Nà wǒ lǐng nǐ qù yí ge dìfang.

B : 什么 地方?
Shénme dìfang?

A : 到 时候 你 就 知道 了。
Dào shíhou nǐ jiù zhīdao le.

恋爱 & 婚姻

❶ 你觉得谈恋爱和结婚有什么区别(qūbié, 차이)? 为什么?

❷ 如果你爱上了(àishàngle, 사랑하게 되었다)一个人，可是对方(duìfāng, 상대방)并不知道，这时候你会用什么方式让对方知道你爱他(她)?

❸ 当你需要(xūyào, 필요하다)一个恋人的时候，你最先考虑(kǎolǜ, 고려하다)什么? 当你需要一个结婚对象(duìxiàng, 대상)的时候，你最先考虑什么? 请你排列(páiliè, 배열하다)一下顺序，然后再说明一下原因。

	恋人	结婚对象
能力 nénglì 능력		
财产 cáichǎn 재산		
外貌 wàimào 외모		
性格 xìnggé 성격		
身材 shēncái 몸매		
人品 rénpǐn 인품		
工作 gōngzuò 직업		
家庭条件 jiātíng tiáojiàn 가정 환경		
爱好 àihào 취미		
八字儿 bāzìr 팔자		

 # 문법 해설

1 "刚"와 "刚才"의 비교

	刚	刚才
품사	부사	(시간을 나타내는) 시간명사
용법	刚 + 동사 他刚走。 그는 방금 전에 갔다.	(1) 刚才 + 주어 + 술어 + 목적어 刚才你去哪儿了? 방금 어디에 갔었니? (2) 刚才 + 的 + 명사 刚才的事儿。 방금 전의 일.
'了'와 의 결합	'刚'은 '방금'이라는 뜻으로 쓰이지만 뒤에 동작의 완료를 나타내는 '了'가 올 수 없다. 我刚到家。 방금 집에 도착했다.	'刚才'도 '방금'이라는 뜻이지만, 뒤에 동작의 완료를 나타내는 '了'가 올 수 있다. 刚才我去商店了。 방금 상점에 갔었다.
부정형	'刚' 뒤에는 부정형을 쓸 수 없다. '刚'은 '막'이라는 뜻으로 꽤 오래된 일을 서술할 때 사용할 수 있다. 我刚毕业的时候, 什么也不知道。 제가 갓 졸업했을 때, 아무것도 몰랐습니다.	'刚才' 뒤에는 부정형을 쓸 수 있다. 你为什么刚才不说? 왜 방금 전에 말하지 않았어? '刚才'은 '방금'이라는 뜻으로 오래된 일을 서술할 때 사용할 수 없다.

2 "一……就……"의 용법

'一……就……'은 '…하고나서 바로 …한다'라는 뜻으로 두 가지 일이 연이어 발생함을 나타낸다.

他一下班就回家。 그는 퇴근하자마자 바로 집으로 돌아간다.
他一喝酒就醉。 그는 술을 마시기만 하면 취한다.

45

dǎ yǔsǎn

打 雨伞

우산을 펴다

lín yǔ

淋 雨

비를 맞다

lòu yǔ

漏 雨

비가 새다

shuāngdòng

霜冻

서리 피해

dòng bīng

冻 冰

얼음이 얼다

kàn bīngdēng

看 冰灯

얼음등을 구경 하다

sǎo xuě

扫 雪

눈을 쓸다

duī xuěrén

堆 雪人

눈사람을 만들다

dǎ xuězhàng

打 雪仗

눈싸움을 하다

广州晴到多云.
最高气温32度。

_____?

32℃

这个周末他们打算
去哪儿玩儿?

_____。

天气预报说什么?

_____。

24℃~28℃

上个星期天她
去看什么了?

_____。

어휘 플러스

❶ 预报 : _____예방하다, _____예감(하다), _____예산하다, _____예측하다
yùbào

▶▶▶
ⓐ 预测 　　ⓑ 预防 　　ⓒ 预感 　　ⓓ 预算
　 yùcè 　　　 yùfáng 　　 yùgǎn 　　　 yùsuàn

❷ 气温 : _____기량, _____기후, _____기색, _____기압
qìwēn

▶▶▶
ⓐ 气候 　　ⓑ 气量 　　ⓒ 气色 　　ⓓ 气压
　 qìhòu 　　　 qìliàng 　　 qìsè 　　　 qìyā

❸ 周末 : _____늦봄, _____톱밥, _____월말, _____연말
zhōumò

▶▶▶
ⓐ 月末 　　ⓑ 年末 　　ⓒ 春末 　　ⓓ 锯末儿
　 yuèmò 　　　 niánmò 　　 chūnmò 　　 jùmòr

❹ 樱花 : _____매화, _____국화, _____무궁화, _____나팔꽃
yīnghuā

▶▶▶
ⓐ 菊花 　　ⓑ 梅花 　　ⓒ 喇叭花 　　ⓓ 木槿花
　 júhuā 　　　 méihuā 　　 lǎbahuā 　　 mùjǐnhuā

❺ 不过 : _____부당하다, _____불안하다, _____부동산, _____불경기
búguò

▶▶▶
ⓐ 不安 　　ⓑ 不当 　　ⓒ 不动产 　　ⓓ 不景气
　 bù'ān 　　　 búdàng 　　 búdòngchǎn 　 bùjǐngqì

刚才我去银行换钱了。

"去商店买东西"

如果下雨的话就不能去了。

"开运动会"

他一喝酒就脸红。

"睡觉"

 **빈칸 채우기**

只是， 新鲜， 因为， 的话， 吵架， 情绪， 满意， 顺利
但愿， 突然， 只有

01. 我没有兄弟姐妹，我家_____我一个孩子。

02. 这里空气不太好，我们到外面去呼吸一下_____空气吧。

03. 我_____在电视里看过长城，所以我很想去看看。

04. 如果我有时间_____，我一定去。

05. _____工作太忙，我忘了我爱人的生日。

06. _____这个周末不下雨，那我们就可以去看樱花了。

07. 有一天下班以后，我爱人_____对我说他要辞职。

08. 最近我的孩子_____很低落。

09. 昨天我跟我男朋友_____了，到现在他也不给我打电话，气死我了。

10. 最近我的工作很_____，所以心情也特别好。

11. 我对我的工作不太_____，所以有机会的话，我想换工作。

대화를 완성하기

보기   不……也不……， ……怎么样?， ……不……?

①

A：最近北京＿＿＿＿＿＿＿?

B：不冷也不热，非常好。

②

A：这件衣服怎么样?

B：＿＿＿＿＿＿＿，正好。

③

A：多不多?

B：＿＿＿＿＿＿＿，正好。

④

A：＿＿＿＿＿＿＿?

B：不长也不短，正好。

⑤

A：＿＿＿＿＿＿＿?

B：不高也不低(dī, 낮다)，正好。

⑥

A：＿＿＿＿＿＿＿?

B：不胖也不瘦，正好。

04 他比我胖多了。
그는 나보다 훨씬 뚱뚱합니다.

:: 기본 회화 단어

- 俩 liǎ • 두 사람. 두 개
- 高 gāo • 형 높다. (키가) 크다
- 比 bǐ • 전 …보다
- 显得 xiǎnde • 동 …하게 보이다
- 其实 qíshí • 부 사실은

:: 실전 회화 단어 ①

- 买东西 mǎi dōngxi • 물건을 사다
- 大型 dàxíng • 형 대형(의)
- 超市 chāoshì • 명 슈퍼마켓
- 日用品 rìyòngpǐn • 명 일용품
- 种类 zhǒnglèi • 명 종류
- 比较 bǐjiào • 부 비교적
- 蔬菜 shūcài • 명 야채
- 几乎 jīhū • 부 거의
- 每个周末 měi ge zhōumò • 매주 주말
- 购物 gòuwù • 동 구매하다. 쇼핑하다
- 时髦 shímáo • 명 형 유행(이다)
- 那倒是 nà dào shì • 그렇긴 하다
- 质量 zhìliàng • 명 품질
- 式样 shìyàng • 명 모양. 디자인
- 新 xīn • 형 새롭다
- 穿 chuān • 동 입다. (신발·양말) 신다
- 觉得 juéde • 동 생각하다. 느끼다

- 东大门市场 Dōngdàmén shìchǎng • 명 동대문시장
- 不错 búcuò • 형 괜찮다
- 挑 tiāo • 동 고르다
- 还可以 háikěyǐ • 그런대로 괜찮다
- 可…了 kě…le • 아주 …하다
- 人家 rénjia • 대 남. 다른 사람
- 以为 yǐwéi • 동 여기다. 인정하다
- 就 jiù • 부 단지
- 认 rèn • 동 인정하다
- 名牌儿 míngpáir • 명 유명 상표
- 对付 duìfu • 동 다루다. 대충대충하다
- 讲究 jiǎngjiu • 동 중히 여기다. 따지다

:: 실전 회화 단어 ②

- 心不在焉 xīn bú zài yān • 성 마음이 여기 있지 않다. 정신을 딴 데 팔다.
- 相亲 xiāngqīn • 동 선을 보다
- 随便 suíbiàn • 부 마음대로. 좋을대로
- 为了 wèile • 전 …를 위하여
- 脸 liǎn • 명 얼굴
- 增光 zēngguāng • 동 면목을 세우다
- 打扮 dǎban • 동 분장하다. 치장하다
- 嘿嘿 hēihēi • 의 헤헤(웃는 소리)
- 瘦 shòu • 형 1. (의복·신발 등) 꼭 끼다
  2. (동물이나 사람이) 마르다. 여위다
- 正好 zhènghǎo • 형 딱 좋다. 꼭 알맞다

기본 회화

Ⓐ **你们 俩 谁 高?**
Nǐmen liǎ shuí gāo?
두 사람 중 누구 키가 더 큽니까?

Ⓑ **我 比 他 高 一点儿。**
Wǒ bǐ tā gāo yìdiǎnr.
제가 그 사람보다 조금 더 큽니다.

Ⓐ **不过 看上去 他 比 你 高。**
Búguò kànshangqu tā bǐ nǐ gāo.
그런데 보기에는 그 사람이 당신보다 더 커 보입니다.

Ⓑ **他 显得 高, 其实 他 没 有 我 高。**
Tā xiǎnde gāo, qíshí tā méi yǒu wǒ gāo.
그는 커 보일뿐이지, 사실은 저보다 크지 않습니다.

회화 연습

胖 多 了
pàng duō le

大 三 岁
dà sān suì

실전 회화 ❶

A : 你 一般 去 哪儿 买 东西?
Nǐ yìbān qù nǎr mǎi dōngxi?

B : 我 一般 去 大型 超市 买 东西。
Wǒ yìbān qù dàxíng chāoshì mǎi dōngxi.

A : 对, 那里 日用品 的 种类 比较 多, 蔬菜 也 挺 新鲜 的。
Duì, nàli rìyòngpǐn de zhǒnglèi bǐjiào duō, shūcài yě tǐng xīnxiān de.

B : 我 几乎 每 个 周末 都 去 那里 购物。
Wǒ jīhū měi ge zhōumò dōu qù nàli gòuwù.

A : 不过 那里 的 衣服 没 有 百货 商店 里 的 衣服 时髦。
Búguò nàli de yīfu méi yǒu bǎihuò shāngdiàn li de yīfu shímáo.

B : 那 倒 是, 不过 百货 商店 里 的 衣服 也 太 贵 了。
Nà dào shì, búguò bǎihuò shāngdiàn li de yīfu yě tài guì le.

A : 但是 质量 好, 式样 新, 而且 能 穿 很 长 时间 啊。
Dànshì zhìliàng hǎo, shìyàng xīn, érqiě néng chuān hěn cháng shíjiān a.

B : 我 觉得 东大门 市场 的 衣服 也 不错。
Wǒ juéde Dōngdàmén shìchǎng de yīfu yě búcuò.

A : 挑 好 了 还可以。
Tiāo hǎo le háikěyǐ.

B : 我 爱人 可 会 挑 衣服 了, 她 买 的 衣服 人家 都 以为 是
Wǒ àiren kě huì tiāo yīfu le, tā mǎi de yīfu rénjia dōu yǐwéi shì

在 百货 商店 买 的 呢。
zài bǎihuò shāngdiàn mǎi de ne.

A : 我 爱人 啊, 就 认 名牌儿。
Wǒ àiren a, jiù rèn míngpáir.

B : 那 你 呢?
Nà nǐ ne?

A : 我 这 个 人 好 对付, 给 什么 穿 什么, 没 那么 多 讲究。
Wǒ zhè ge rén hǎo duìfu, gěi shénme chuān shénme, méi nàme duō jiǎngjiu.

A : 你 看 我 穿 哪 件 衣服 更 漂亮?
Nǐ kàn wǒ chuān nǎ jiàn yīfu gèng piàoliang?

B : 都 很 好看。
Dōu hěn hǎokàn.

A : 你 别 心 不 在 焉, 快 帮 我 好好儿 看 看。
Nǐ bié xīn bú zài yān, kuài bāng wǒ hǎohāor kàn kan.

B : 又 不 是 去 相亲, 随便 穿 件 衣服 就 可以 了。
Yòu bú shì qù xiāngqīn, suíbiàn chuān jiàn yīfu jiù kěyǐ le.

A : 我 是 为了 你 呀, 我 漂亮 也 给 你 脸 上 增光 啊。
Wǒ shì wèile nǐ ya, wǒ piàoliang yě gěi nǐ liǎn shang zēngguāng a.

B : 你 不 打扮 也 很 漂亮。
Nǐ bù dǎban yě hěn piàoliang.

A : 真的? 嘿 嘿, 谢谢 你。
Zhēnde? Hēi hēi, xièxie nǐ.

B : 说 漂亮 谁 都 高兴。
Shuō piàoliang shuí dōu gāoxìng.

A : 你 说 什么?
Nǐ shuō shénme?

B : 我 说 你 穿 这 件 衣服 非常 漂亮。
Wǒ shuō nǐ chuān zhè jiàn yīfu fēicháng piàoliang.

A : 是 不 是 太 瘦 了?
Shì bu shì tài shòu le?

B : 没 有, 正好, 我们 可以 走 了 吧?
Méi yǒu, zhènghǎo, wǒmen kěyǐ zǒu le ba?

A : 可以 走 了。
Kěyǐ zǒu le.

OX 퀴즈

调查人：＿＿＿＿＿＿＿　　　　被调查人：＿＿＿＿＿＿＿

问　题	是的	不
1. 喜欢上网玩儿游戏		
2. 有2000CC以上的汽车		
3. 性格很急		
4. 想多生孩子		
5. 怕老婆/怕老公		
6. 会滑雪		
7. 想到外国去生活		
8. 一个星期至少喝两次酒		
9. 不会游泳		
10. 喜欢赌博		
11. 喜欢冒险		
12. 很小气		

OX 퀴즈 단어

上网 shàngwǎng • 인터넷을 하다　　怕 pà • 무서워하다　　冒险 màoxiǎn • 모험하다
游戏 yóuxì • 게임　　　　　　　　外国 wàiguó • 외국　　小气 xiǎoqi • 좀스럽다
急 jí • 급하다　　　　　　　　　至少 zhìshǎo • 최소한
生 shēng • (아이를)낳다　　　　赌博 dǔbó • 도박(하다)

 **비교문**

(1) 정의 : 두 사물의 성질·특징을 비교할 때 '比'를 사용하여 비교문을 만든다.

> **A + 比 + B + (还) + 형용사**

他比我胖。 그는 나보다 뚱뚱하다.
今天比昨天还冷。 오늘은 어제보다 더 춥다.

> **A + 比 + B + 형용사 + 一点儿**

哥哥比弟弟高一点儿。 형은 동생보다 키가 더 크다.

> **A + 比 + B + 형용사 + 多了(得多)**

中国比韩国大多了。 중국은 한국보다 훨씬 더 크다.

> **A + 比 + B + 형용사 + 수량사**

我爸爸比我妈妈大两岁。 아빠는 엄마보다 두 살 더 많다.

(2) 비교문의 부정 : 비교문의 부정은 '没(有)'와 '不'로 모두 할 수 있다. '没(有)'로 부정하면 'A가 B보다 못하다'라는 뜻을 나타내고, '不'로 부정하면 'A는 B와 비슷하거나 못하다'라는 뜻을 나타낸다.

汉语没有英语难。 중국어는 영어보다 어렵지 않다.
他不比我高。 그는 키가 나보다 크지 않다.

(3) '跟……一样'을 사용한 비교문
'跟……一样'은 'A와 B는 비슷하거나 같다'는 뜻을 나타낸다.

> **A + 跟 + B + 一样 + 형용사**

他的衣服跟我的衣服一样。 그의 옷은 나의 옷과 같다.

부정은 '一样' 앞에 '不'를 붙이면 된다.

他跟我不一样高。 그는 나와 키가 같지 않다.

yǐnliào
饮料
음료수

shuǐguǒ
水果
과일

xiāngchángr
香肠儿
소시지

sùdòng shípǐn
速冻 食品
냉동 식품

kuàicān
快餐
패스트푸드

huàzhuāngpǐn
化妆品
화장품

diàndòng fútī
电动 扶梯
에스컬레이터

diàntī
电梯
엘리베이터

lóutī
楼梯
계단

어휘 플러스

❶ 一般 : _____ 일망타진하다, _____ 일시적으로, _____ 일문일답, _____ 일부분
yìbān

▶▶▶
- ⓐ 一部分 yíbùfen
- ⓑ 一问一答 yí wèn yì dá
- ⓒ 一时 yìshí
- ⓓ 一网打尽 yì wǎng dǎ jìn

❷ 大型 : _____ 대다수, _____ 대규모, _____ 대가정, _____ 대부분
dàxíng

▶▶▶
- ⓐ 大规模 dàguīmó
- ⓑ 大部分 dàbùfen
- ⓒ 大多数 dàduōshù
- ⓓ 大家庭 dàjiātíng

❸ 日用品 : _____ 일광, _____ 일기, _____ 일정, _____ 일보
rìyòngpǐn

▶▶▶
- ⓐ 日报 rìbào
- ⓑ 日程 rìchéng
- ⓒ 日光 rìguāng
- ⓓ 日记 rìjì

❹ 新鲜 : _____ 신랑, _____ 신형, _____ 신제품, _____ 신기하다
xīnxiān

▶▶▶
- ⓐ 新产品 xīnchǎnpǐn
- ⓑ 新郎 xīnláng
- ⓒ 新奇 xīnqí
- ⓓ 新型 xīnxíng

❺ 时间 : _____ 시대, _____ 시기, _____ 시차, _____ 시국
shíjiān

▶▶▶
- ⓐ 时差 shíchā
- ⓑ 时代 shídài
- ⓒ 时机 shíjī
- ⓓ 时局 shíjú

문형 연습

他比我高5厘米(lǐmǐ, 센티미터)。

"3厘米"

弟弟没有哥哥高。

"胖"

我以为她是中国人。

"男的"

빈칸 채우기

보기   一般，种类，觉得，几乎，讲究，对付，打扮，显得
心不在焉，时髦，随便

01. 他＿＿＿＿＿老，其实他没有我大。

02. 我早上＿＿＿＿＿吃面包和牛奶。

03. 超市里的蔬菜＿＿＿＿＿很多，而且又很新鲜。

04. 我在韩国住过8年，韩国菜我＿＿＿＿＿都吃过。

05. 这里的衣服质量好、式样新，穿在身上显得非常＿＿＿＿＿。

06. 你＿＿＿＿＿东大门市场的衣服怎么样？

07. 中国人＿＿＿＿＿吃，韩国人讲究穿。

08. 我这个人好＿＿＿＿＿，给什么吃什么，从来不挑食(tiāoshí, 편식하다)。

09. 一会儿我领两个朋友来咱家吃饭，你＿＿＿＿＿做两个菜吧。

10. 我在跟你说话呢，你怎么＿＿＿＿＿呢？

11. 你不＿＿＿＿＿也非常漂亮。

교체 연습

180厘米　　175厘米

보기

A：哥哥比弟弟高多少?

B：哥哥比弟弟高5厘米。

① 北韩山　　南山
836米(mǐ, 미터)　262米

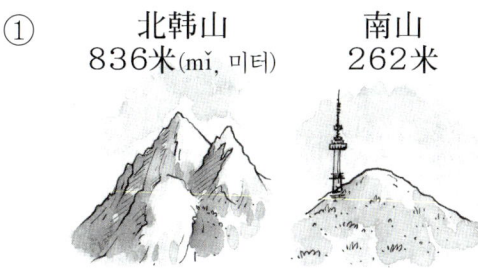

② 4块
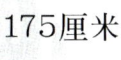
5块

③ 落东江　　汉江
513公里(gōnglǐ, 킬로미터)　497公里

④ 75公斤　　72公斤

⑤ 48岁　　45岁
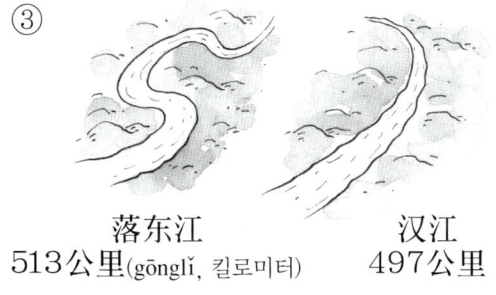

⑥ 北京
22度
上海
32度

你汉语说得真好!
당신은 중국어를 정말 잘하시네요!

05

:: 기본 회화 단어

☐ 唱 chàng · 동 노래하다

☐ 歌儿 gēr · 명 노래

☐ 得 de · 조 동사 뒤에 쓰여 동작이 도달한 정도를 나타냄

☐ 唱得很好 chàng de hěn hǎo · 노래를 잘 부른다

☐ 跳舞 tiào wǔ · 동 춤을 추다

☐ 滑冰 huá bīng · 동 스케이트를 타다

☐ 滑雪 huá xuě · 동 스키를 타다

☐ 打乒乓球 dǎ pīngpāngqiú · 탁구를 치다

☐ 打网球 dǎ wǎngqiú · 테니스를 치다

:: 실전 회화 단어 ①

☐ 哪里哪里 nǎli nǎli · 천만에. 별 말씀을

☐ 差 chà · 형 부족하다

☐ 还差得远呢 hái chà de yuǎn ne · 아직 멀었다

☐ 发音 fāyīn · 명 동 발음(하다)

☐ 标准 biāozhǔn · 형 표준적이다

☐ 秘密 mìmì · 명 비밀

☐ 怪不得 guàibude · 부 어쩐지

☐ 凑合 còuhe · 그저 그렇다

☐ 可以说是 kěyǐ shuō shì · 그렇다고 할 수 있다

☐ 除了…以外 chúle…yǐwài · …을 빼고는, …말고

☐ 派 pài · 동 파견하다

☐ 分公司 fēngōngsī · 명 (회사의) 지점

☐ 超过 chāoguò · 동 (뒤에 있었던 것이) 따라 앞서다. 추월하다

:: 실전 회화 단어 ②

☐ 起得早 qǐ de zǎo · 일찍 일어나다

☐ 到校 dào xiào · 학교에 도착하다

☐ 白天 báitiān · 명 낮

☐ 睡得早 shuì de zǎo · 일찍 자다

☐ 精神 jīngshen · 명 활력. 기력

☐ 来精神 lái jīngshen · 기운이 나다

☐ 夜猫子 yèmāozi · 명 밤늦도록 자지 않는 사람. 올빼미

☐ 痛苦 tòngkǔ · 형 괴롭다. 고통스럽다

☐ 皮肤 pífū · 명 피부

☐ 健康 jiànkāng · 형 건강하다

☐ 试 shì · 동 시도하다

☐ 改 gǎi · 동 (틀린 것을) 바로잡다. 고치다

☐ 方法 fāngfǎ · 명 방법

☐ 明白 míngbai · 동 이해하다

☐ 让 ràng · …하게 하다

☐ 一点儿一点儿 yìdiǎnr yìdiǎnr · 조금씩 조금씩

기본 회화

A 你 唱 歌儿 唱 得 怎么样?
Nǐ chàng gēr chàng de zěnmeyàng?

당신은 노래를 잘 부릅니까?

B 唱 得 不 太 好。
Chàng de bú tài hǎo.

잘 부르지 못합니다.

A 跳舞 呢?
Tiàowǔ ne?

춤은요?

B 只 会 一点儿。
Zhǐ huì yìdiǎnr.

조금 할 줄 압니다.

회화 연습

滑冰, 滑雪
huábīng, huáxuě

打 乒乓球, 网球
dǎ pīngpāngqiú, wǎngqiú

Ⓐ : 你 汉语 说 得 真 好!
Nǐ Hànyǔ shuō de zhēn hǎo!

Ⓑ : 哪里 哪里, 还 差 得 远 呢。
Nǎli nǎli, hái chà de yuǎn ne.

Ⓐ : 我 觉得 你 的 发音 特别 标准。
Wǒ juéde nǐ de fāyīn tèbié biāozhǔn.

Ⓑ : 是 吗? 告诉 你 一 个 秘密, 我 爱人 是 中国人。
Shì ma? Gàosu nǐ yí ge mìmì, wǒ àiren shì Zhōngguórén.

Ⓐ : 怪不得 说 得 这么 好。
Guàibude shuō de zhème hǎo.

Ⓑ : 你 汉语 说 得 也 不错 啊!
Nǐ Hànyǔ shuō de yě búcuò a!

Ⓐ : 还 凑合 吧。
Hái còuhe ba.

Ⓑ : 你们 公司 会 说 汉语 的 人 多 不 多?
Nǐmen gōngsī huì shuō Hànyǔ de rén duō bu duō?

Ⓐ : 除了 我 以外 还 有 两 个 人。
Chúle wǒ yǐwài hái yǒu liǎng ge rén.

Ⓑ : 我们 公司 会 说 汉语 的 人 特别 多。
Wǒmen gōngsī huì shuō Hànyǔ de rén tèbié duō.

Ⓐ : 你 在 你们 公司 汉语 说 得 最 好, 是 不 是?
Nǐ zài nǐmen gōngsī Hànyǔ shuō de zuì hǎo, shì bu shì?

Ⓑ : 可以 说 是, 不过 我 的 英语 不 太 好。
Kěyǐ shuō shì, búguò wǒ de Yīngyǔ bú tài hǎo.

Ⓐ : 下 个 月 我们 公司 打算 派 我 去 上海 分 公司 工作。
Xià ge yuè wǒmen gōngsī dǎsuan pài wǒ qù Shànghǎi fēn gōngsī gōngzuò.

Ⓑ : 是 吗? 那 你 的 汉语 肯定 会 超过 我 的。
Shì ma? Nà nǐ de Hànyǔ kěndìng huì chāoguò wǒ de.

A : 你 每天 起 得 早 不 早?
Nǐ měitiān qǐ de zǎo bu zǎo?

B : 因为 我 的 孩子 七点 就 得 到 校,所以 起 得 比较 早。
Yīnwèi wǒ de háizi qī diǎn jiù děi dào xiào, suǒyǐ qǐ de bǐjiào zǎo.

A : 那 你 白天 不 困 吗?
Nà nǐ báitiān bú kùn ma?

B : 不 困,因为 我 晚上 睡 得 早。
Bú kùn, yīnwèi wǒ wǎnshang shuì de zǎo.

A : 我 一 到 晚上 就 来 精神 了,我 妈 说 我 是 夜猫子。
Wǒ yí dào wǎshang jiù lái jīngshen le, wǒ mā shuō wǒ shì yèmāozi.

B : 那 你 每天 晚上 几 点 睡觉?
Nà nǐ měitiān wǎnshang jǐ diǎn shuìjiào?

A : 两 三 点 吧。
Liǎng sān diǎn ba.

B : 那 你 早上 能 起来 吗?
Nà nǐ zǎoshang néng qǐlai ma?

A : 哎,别 提 了,早上 起床 的 时候,痛苦 死 了。
Āi, bié tí le, zǎoshang qǐchuáng de shíhou, tòngkǔ sǐ le.

B : 你 知道 吗?睡 得 太 晚 对 皮肤 和 健康 都 不 好。
Nǐ zhīdao ma? shuì de tài wǎn duì pífū hé jiànkāng dōu bù hǎo.

A : 我 知道,我 正在 试 着 改。
Wǒ zhīdao, wǒ zhèngzài shì zhe gǎi.

B : 我 告诉 你 一 个 好 方法。
Wǒ gàosu nǐ yí ge hǎo fāngfǎ.

A : 什么 好 方法?你 快 告诉 我。
Shénme hǎo fāngfǎ? Nǐ kuài gàosu wo.

B : 第 一 个 星期 先 试 着 两 点 睡,第 二 个 星期 一 点 睡。
Dì yī ge xīngqī xiān shì zhe liǎng diǎn shuì, dì èr ge xīngqī yì diǎn shuì.

A : 噢,我 明白 了,你 是 让 我 一点儿 一点儿 改。
Ō, wǒ míngbai le, nǐ shì ràng wǒ yìdiǎnr yìdiǎnr gǎi.

我 爱人 走 路 走 得 很 快，谈 恋爱 的 时候，别人 都 拉 着 手
Wǒ àiren zǒu lù zǒu de hěn kuài, tán liàn'ài de shíhou, biéren dōu lā zhe shǒu

走，我们 呢，是 他 拽 着 我 走。结婚 以后，他 在 前边 走，我 在
zǒu, wǒmen ne, shì tā zhuài zhe wǒ zǒu. Jiéhūn yǐhòu, tā zài qiánbiān zǒu, wǒ zài

后边 赶，我 让 他 慢 点儿 走，他 说 他 已经 走 得 很 慢 了。他 不仅
hòubiān gǎn, wǒ ràng tā màn diǎnr zǒu, tā shuō tā yǐjīng zǒu de hěn màn le. Tā bùjǐn

走 路 快，说话、吃饭 也 很 快，这 可能 跟 他 的 急 性子 有 关系。
zǒu lù kuài, shuōhuà, chīfàn yě hěn kuài, zhè kěnéng gēn tā de jí xìngzi yǒu guānxi.

可是，他 每次 上 厕所 的 时候 都 很 慢，他 喜欢 在 洗手间 里 看
Kěshì, tā měicì shàng cèsuǒ de shíhou dōu hěn màn, tā xǐhuan zài xǐshǒujiān li kàn

报纸，我 跟 他 说 在 洗手间 里 呆 太 长 时间 会 得 便秘，可 他 总是
bàozhǐ, wǒ gēn tā shuō zài xǐshǒujiān li dāi tài cháng shíjiān huì dé biànmì, kě tā zǒngshì

不 改。现在 我 的 两 个 孩子 也 跟 他 学，一 进 洗手间 就是 半 个
bù gǎi. Xiànzài wǒ de liǎng ge háizi yě gēn tā xué, yí jìn xǐshǒujiān jiùshì bàn ge

小时，所以 我 家 虽然 有 两 个 洗手间，但 有时 还是 觉得 不 够 用。
xiǎoshí, suǒyǐ wǒ jiā suīrán yǒu liǎng ge xǐshǒujiān, dàn yǒushí háishi juéde bú gòu yòng.

번역하기 단어

路 lù • 길	可能 kěnéng • 아마도
别人 biéren • 다른 사람	急性子 jí xìngzi • 조급한 성질
拉着手走 lā zhe shǒu zǒu • 손잡고 걷다	关系 guānxi • 관계
拽 zhuài • 끌다	厕所 cèsuǒ • 화장실
后边 hòubiān • 뒤쪽	上厕所 shàng cèsuǒ • (화장실에서)볼일을 보다
慢 màn • 느리다	总是 zǒngshì • 줄곧, 늘
慢点儿 màn diǎnr • 천천히	跟…学 gēn…xué • …따라 배우다
不仅 bùjǐn • …일 뿐만 아니라	洗手间 xǐshǒujiān • 화장실
说话 shuōhuà • 말하다	虽然 suīrán • 비록 …일지라도

정도보어

정의 : 동사 뒤에서 동작이 도달한 정도나 상태를 나타내는 보어를 가리킨다.

주어 + (동사 + 목적어) + 동사 + 得 + 정도보어

他唱歌唱得很好。 그는 노래를 잘 부른다.

(1) 정도보어의 부정형

我汉语说得不太好。 나는 중국어를 잘 못한다.

(2) 정도보어의 의문형

你来得早不早? 너 일찍 왔어?
你打网球打得怎么样? 너 테니스를 잘하니?

(3) 형용사가 정도보어 되는 경우

她说汉语说得很好。 그녀는 중국어를 아주 잘한다.

(4) 주어와 술어로 구성된 구가 정도보어 되는 경우

天气热得我们都没有食欲。 날씨가 더워서 우리 모두 식욕이 없다.

※ 참고 : 정도보어와 결과보어의 차이

① 정도보어는 경상적·습관적·객관적 사실을 가르키는 반면 결과보어는 "어떤 동작을 하였는데 그 결과가 어떠하다"는 뜻을 나타낸다.

他吃得多。 그는 많이 먹는다.(식욕이 좋거나 등치가 커서 늘 많이 먹는다)
我吃多了。 나는 (너무) 많이 먹었다.(많이 먹으려고 하지 않았는데 먹다보니 너무 많이 먹었다. 약간의 불만을 나타냄)

② 정도보어의 부정은 어떤 경상적·객관적 사실을 부정하지만, 결과보어의 부정은 "…을 하지 못했다"는 뜻을 나타낸다.

他跑得不快。 그는 달리는 것이 빠르지 않다.(달리는 것이 빠르지 않다는 객관적 사실을 부정함)
我没买到票。 나는 표를 사지 못했다.(표를 사려고 했는데 결과는 사지 못했다)

그림으로 배우는 중국어

A : _____借我用一下。

B : 好的，你拿去用吧。

dìngshūqì
钉书器
호치키스

jiāobàng
胶棒
딱풀

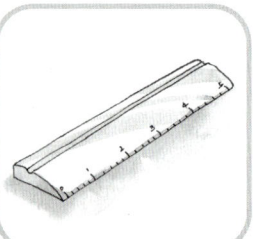

chǐ
尺
자

xiàngpí
橡皮
지우개

túgǎiyè
涂改液
수정액

jìhàobǐ
记号笔
유성마카

qiānbǐhé
铅笔盒
필통

zhuànbǐdāo
转笔刀
연필깎이

wénjiànjiá
文件夹
파일

어휘 플러스

❶ 以外 : _____이전, _____이상, _____이후, _____이하
yǐwài

▶▶▶ ⓐ 以后 | ⓑ 以前 | ⓒ 以上 | ⓓ 以下
yǐhòu | yǐqián | yǐshàng | yǐxià

❷ 特别 : _____특가, _____특급, _____특산물, _____특색
tèbié

▶▶▶ ⓐ 特价 | ⓑ 特级 | ⓒ 特产 | ⓓ 特色
tèjià | tèjí | tèchǎn | tèsè

❸ 可以 : _____가관이다, _____가능하다, _____가련하다, _____가능성
kěyǐ

▶▶▶ ⓐ 可能 | ⓑ 可怜 | ⓒ 可能性 | ⓓ 可观
kěnéng | kělián | kěnéngxìng | kěguān

❹ 结束 : _____결론, _____결과, _____결합하다, _____결국
jiéshù

▶▶▶ ⓐ 结果 | ⓑ 结论 | ⓒ 结合 | ⓓ 结局
jiéguǒ | jiélùn | jiéhé | jiéjú

❺ 记者 : _____강자, _____약자, _____작자, _____독자
jìzhě

▶▶▶ ⓐ 作者 | ⓑ 弱者 | ⓒ 读者 | ⓓ 强者
zuòzhě | ruòzhě | dúzhě | qiángzhě

문형 연습

他滑冰滑得不太好。

"开车开得"

他来得比我早多了。

"起"

公司打算派我去上海工作。

"日本进修(jìnxiū, 연수하다)"

보기	标准, 怪不得, 派, 白天, 肯定, 对, 精神 除了, 秘密, 只, 让

01. 我汉语说得不太好，_____ 会说一点儿。

02. 我觉得我的汉语发音不太 _____。

03. 这是 _____，你可不要告诉其他人。

04. _____ 你汉语说得这么好，真羡慕(xiànmù, 부러워하다)你呀！

05. _____ 汉语以外，我还会说英语和日语。

06. 我们公司打算 _____ 我去中国工作，可我不太想去。

07. 你 _____ 知道她在哪儿，你快告诉我好吗？

08. 我每天都起得非常早，所以 _____ 很困。

09. 昨天晚上我只睡了两个小时，所以早上起床以后一点儿 _____ 也没有。

10. 我不能跟你去喝酒了，因为我爱人 _____ 我早点儿回家接 (jiē, 마중하다)孩子。

11. 抽烟 _____ 身体不好，所以我打算戒烟(jièyān, 담배를 끊다)。

보기

A：他游泳游得怎么样?

B：他游泳游得很好。

①

开 车
kāi chē

②

跑 步
pǎo bù

③

写 字
xiě zì

④

画 画儿
huà huàr

⑤

踢 足球
tī zúqiú

⑥

跳 舞
tiào wǔ

06 你是跟谁一起来的?
당신은 누구와 함께 오셨습니까?

:: 기본 회화 단어

□ 是…的 shì…de • 과거의 동작이 발생한 시간·장소·행위의 방식 등을 나타냄

□ 跟…一起 gēn…yìqǐ • …와 함께

:: 실전 회화 단어 ①

□ 乐天 Lètiān • 몡 롯데

□ 一定 yídìng • 뷔 반드시

□ 打折 dǎzhé • 동 할인하다

□ 牌子 páizi • 몡 상표

□ 滨波 Bīnbō • 몡 빈폴

□ 花 huā • 동 (돈·시간 등을) 소비하다. 쓰다

□ 花钱 huāqián • 동 돈을 쓰다

□ 万 wàn • 수 만

□ 千 qiān • 수 천

□ 上个星期天 shàng ge xīngqītiān • 지난 주 일요일

□ 这个周日 zhè ge zhōurì • 이번주 일요일

□ 估计 gūjì • 동 추정하다

□ 在 zài • 뷔 지금 …하고 있다

□ 陪 péi • 동 동반하다. 모시다

:: 실전 회화 단어 ②

□ 毕业 bìyè • 동 졸업하다

□ 前年 qiánnián • 몡 재작년

□ 问 wèn • 동 묻다

□ 表妹 biǎomèi • 몡 내외종 사촌누이 동생

□ 算了 suàn le • 됐다. 내버려두다

□ 刚 gāng • 뷔 막

□ 找工作 zhǎo gōngzuò • 일자리를 찾다

□ 专业 zhuānyè • 몡 전공

□ 会计 kuàijì • 몡 회계

□ 会 huì • 조동 …할 것이다

□ 不会太难 bú huì tài nán • 그다지 어렵지는 않을 것이다

Ⓐ 你 是 什么 时候 来 的?
Nǐ shì shénme shíhou lái de?

언제 오셨습니까?

Ⓑ 我 是 昨天 来 的。
Wǒ shì zuótiān lái de.

어제 왔습니다.

회화 연습

从哪儿 ── 从韩国
cóng nǎr   cóng Hánguó

怎么 ── 坐飞机
zěnme   zuò fēijī

跟 谁 一起 ── 跟 我 爱人 一起
gēn shuí yìqǐ   gēn wǒ àiren yìqǐ

Ⓐ : 你 的 衣服 真 漂亮!
Nǐ de yīfu zhēn piàoliang!

Ⓑ : 谢谢!
Xièxie!

Ⓐ : 在 哪儿 买 的?
Zài nǎr mǎi de?

Ⓑ : 在 乐天 百货 商店 买 的。
Zài Lètiān bǎihuò shāngdiàn mǎi de.

Ⓐ : 一定 很 贵 吧?
Yídìng hěn guì ba?

Ⓑ : 不 太 贵, 是 打折 的 时候 买 的。
Bú tài guì, shì dǎzhé de shíhou mǎi de.

Ⓐ : 什么 牌子 的?
Shénme páizi de?

Ⓑ : 滨波。
Bīnbō.

Ⓐ : 花 多少 钱 买 的?
Huā duōshao qián mǎi de?

Ⓑ : 八 万 五 千 块 钱。
Bā wàn wǔ qiān kuài qián.

Ⓐ : 我 也 想 买 一 件。
Wǒ yě xiǎng mǎi yí jiàn.

Ⓑ : 我 是 上 个 星期天 买 的, 估计 现在 还 在 打折。
Wǒ shì shàng ge xīngqītiān mǎi de, gūjì xiànzài hái zài dǎzhé.

Ⓐ : 那 这 个 周日 你 陪 我 去, 行 不 行?
Nà zhè ge zhōurì nǐ péi wǒ qù, xíng bu xíng?

Ⓑ : 可以 呀。
Kěyǐ ya.

실전 회화 ②

A : 你 弟弟 大学 毕业 了 吗?
Nǐ dìdi dàxué bìyè le ma?

B : 毕业 了。
Bìyè le.

A : 什么 时候 毕业 的?
Shénme shíhou bìyè de.

B : 前年 毕业 的。
Qiánnián bìyè de.

A : 结婚 了 没有?
Jiéhūn le méi yǒu?

B : 你 问 这 干吗?
Nǐ wèn zhè gànmá?

A : 我 有 个 表妹 想 介绍 给 你 弟弟。
Wǒ yǒu ge biǎomèi xiǎng jièshào gěi nǐ dìdi.

B : 我 弟弟 是 没 结婚, 不过 好像 有 女朋友。
Wǒ dìdi shì méi jiéhūn, búguò hǎoxiàng yǒu nǚ péngyou.

A : 噢, 那 就 算 了。
Ō, nà jiù suàn le.

B : 你 表妹 现在 干 什么 呢?
Nǐ biǎomèi xiànzài gàn shénme ne?

A : 大学 刚 毕业, 正在 找 工作 呢。
Dàxué gāng bìyè, zhèngzài zhǎo gōngzuò ne.

B : 她 是 学 什么 专业 的?
Tā shì xué shénme zhuānyè de?

A : 会计。
Kuàijì.

B : 专业 不错, 估计 找 工作 不 会 太 难。
Zhuānyè búcuò, gūjì zhǎo gōngzuò bú huì tài nán.

 **서술하기**

请你在下边的空格(kònggé, 빈 칸)里写出你现在能想起来的9个人的名字

 **문법 해설**

"是……的" 구문

'是……的' 구문은 어떤 행위가 이미 발생하였다는 전제하에서, 그 동작이 발생한 시간·장소·행위의 방식 등을 표현할 때 사용한다. 예컨대 '식사를 하였다'라는 표현은 '我吃饭了'라고 하면 되고, 언제·어디에서·누구하고 식사했다는 표현은 '是……的' 구문을 사용해야 한다. 다시 말하자면 '了'는 동작의 완료만 나타낼 수 있고, 이 동작이 발생한 시간·장소 등은 '是……的' 구문으로 표현해야 한다. 이것은 중국어의 특징이므로 반드시 알아두어야 한다.

형용사	了	是……的
위 치	구말(句末)에 사용함	是 + 시간·장소·행위의 방식 + ……的
뜻	동작의 완료만 나타낸다.	과거의 동작이 언제·어디에서·어떻게·누구랑 함께 하였다는 것을 나타낸다.
예 문	他去书店了。 그는 서점에 갔다. 昨天我去看电影了。 나는 어제 영화보러 갔었다. 他毕业了。 그는 졸업했다. 他结婚了。 그는 결혼했다. 他已经告诉我了。 그는 이미 나에게 알려주었다.	我是在公司食堂吃的。 나는 회사 식당에서 밥을 먹었다. 我是跟我们老板一起吃的。 나는 우리 회사 사장님이랑 같이 식사했다. 这件衣服是我朋友给我买的。 이 옷은 내 친구가 나에게 사준 것이다. 他是去年毕业的。 그는 작년에 졸업하였다. 是他告诉我的。 그가 나에게 알려준 것이다.
부 정	'了'의 부정은 '没'로 한다. 我没吃早饭。 나는 아침밥을 먹지 않았다. 他没去上班。 그는 출근하지 않았다. 昨天我没看电视。 어제 나는 텔레비전을 보지 않았다.	'是……的' 구문의 부정은 '不'로 한다. 这件衣服不是在百货商店买的，是在市场买的。 이 옷은 백화점에서 산 것이 아니라 시장에서 산 것이다. 我不是跟班长一起吃的，我是跟老师一起吃的。 나는 반장이랑 같이 식사한 게 아니라 우리 선생님이랑 같이 식사했어. 我不是八点到的，我是七点半到的。 내가 8시에 도착한 것이 아니라 7시 반에 도착했어.

그림으로 배우는 중국어

A: 你喜欢穿_____吗?

B: 我不喜欢穿_____, 因为_____。

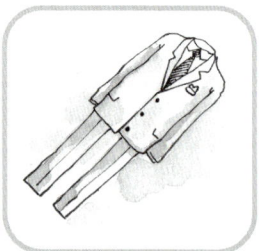

xīfú
西服
양복

xiūxiánfú
休闲服
캐주얼

yùndòngfú
运动服
운동복

píxié
皮鞋
구두

rǔzhào
乳罩
브래지어

bèixīn
背心
러닝셔츠

T xùshān
T恤衫
티셔츠

duǎnkù
短裤
반바지

duǎnxiù
短袖
반팔

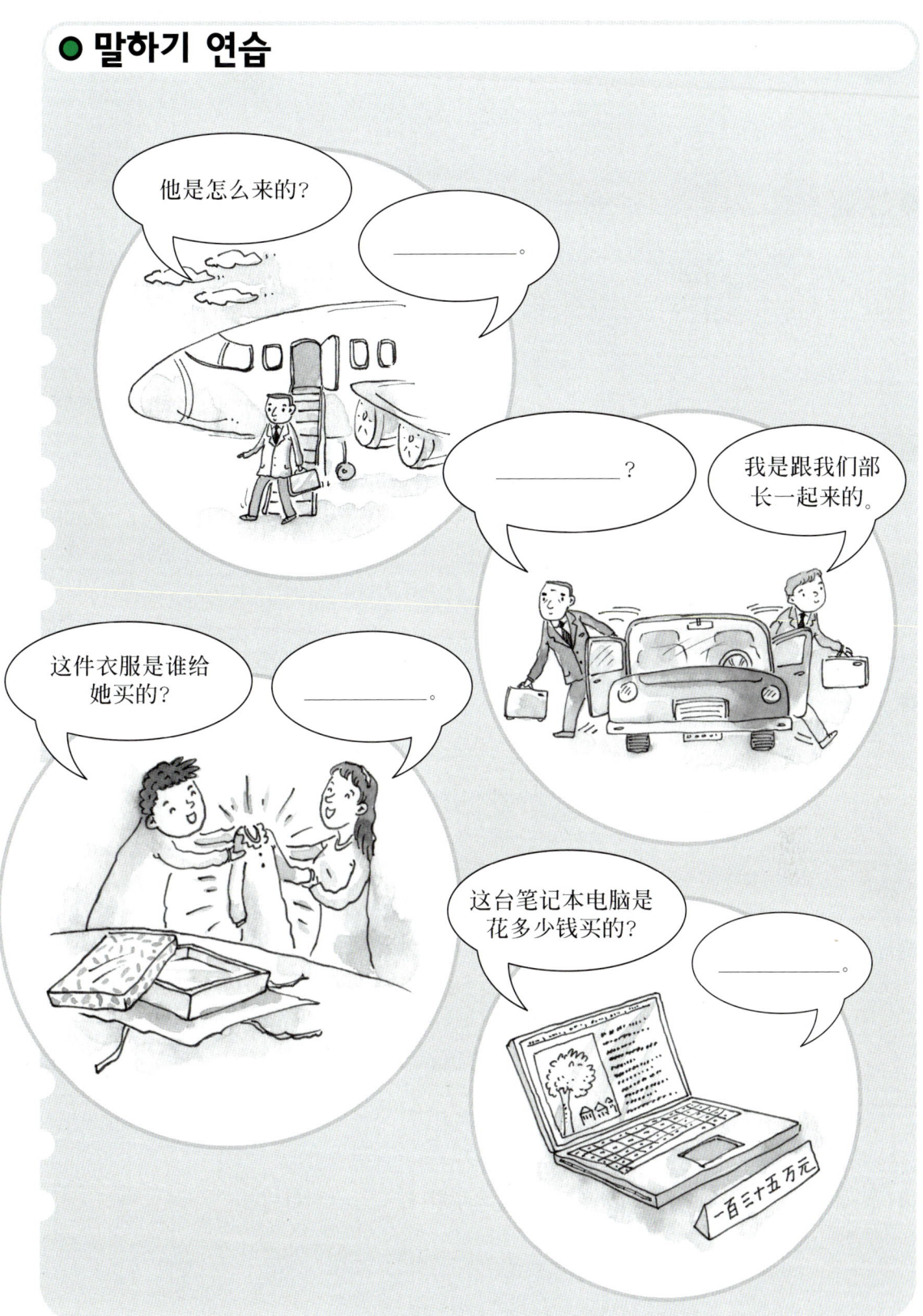

❶ 毕业 : _____공업, _____상업, _____기업, _____학업
bìyè

▶▶▶
ⓐ 学业
xuéyè
ⓑ 工业
gōngyè
ⓒ 商业
shāngyè
ⓓ 企业
qǐyè

❷ 打折 : _____타자를 치다, _____타파하다, _____타산하다, _____타격을 주다
dǎzhé

▶▶▶
ⓐ 打击
dǎjī
ⓑ 打算
dǎsuan
ⓒ 打字
dǎzì
ⓓ 打破
dǎpò

❸ 牌子 : _____테이블, _____모자, _____손자, _____의자
páizi

▶▶▶
ⓐ 椅子
yǐzi
ⓑ 桌子
zhuōzi
ⓒ 帽子
màozi
ⓓ 孙子
sūnzi

❹ 花钱 : _____소모하다, _____바람기가 있다, _____시간을 소모하다, _____화분
huāqián

▶▶▶
ⓐ 花 时间
huā shíjiān
ⓑ 花费
huāfèi
ⓒ 花心
huāxīn
ⓓ 花盆
huāpén

❺ 表妹 : _____표정, _____표면, _____표명하다, _____나타내다
biǎomèi

▶▶▶
ⓐ 表面
biǎomiàn
ⓑ 表情
biǎoqíng
ⓒ 表示
biǎoshì
ⓓ 表明
biǎomíng

 **문형 연습**

我是去年毕业的。

"结婚"

这本书是哪个出版社(chūbǎnshè，출판사)的？

"词典"

请给我点儿吃的。

"喝的"

보기	的, 牌子, 打折, 陪, 估计, 算了, 找, 专业 不是, 好像, 花钱

01. 他是一个人来的, 我呢, 是跟我爱人一起来_____。

02. 我_____开车来的, 我是坐火车来的。

03. 今天百货商店_____, 我们一起去逛逛吧。

04. 你穿的衣服是什么_____的? 挺漂亮的, 我也想买一件。

05. 你_____今天会不会下雨?

06. 你_____太随便了。

07. 他今年已经30岁了, 不过_____还没有女朋友。

08. 上大学的时候, 我的_____是数学。

09. 你_____我去一趟书店好吗?

10. _____, 我还是自己去吧。

11. 你想_____什么样的男朋友?

교체 연습

보기

A : 吃饭了吗?

B : 吃了。

A : 什么时候吃的?

B : 7点吃的。

①

大学 毕业
dàxué bìyè

②

去 游泳
qù yóuyǒng

③

会议 开始
huìyì kāishǐ

④

买 水果
mǎi shuǐguǒ

⑤

回 来
huí lai

⑥

打 电话
dǎ diànhuà

07 我感冒三天了.
감기에 걸린 지 3일 되었습니다.

기본 회화 단어

- 舒服 shūfu • 형 (육체나 정신이) 편안하다. 상쾌하다
- 头 tóu • 명 머리
- 疼 téng • 동 아프다
- 发烧 fāshāo • 동 열이 나다
- 浑身 húnshēn • 명 온몸. 전신
- 劲儿 jìnr • 명 힘
- 了 le • 조 …이 되었다. …하게 되었다 (구말에 쓰여 변화를 나타냄)
- 三天了 sān tiān le • 3일 되었다
- 晕 yūn • 형 어지럽다
- 咳嗽 késou • 명 동 기침(하다)
- 腰酸腿疼 yāo suān tuǐ téng • 허리가 시리고 다리가 아프다

실전 회화 단어 ①

- 朴科长 Piáo kēzhǎng • 박 과장
- 医院 yīyuàn • 명 병원
- 病 bìng • 명 병
- 严重 yánzhòng • 형 심각하다
- 大夫 dàifu • 명 의사
- 急性 jíxìng • 형 급성(의)
- 肠炎 chángyán • 명 장염

- 休息 xiūxi • 동 휴식하다
- 操心 cāoxīn • 동 걱정하다. 노심하다
- 养 yǎng • 동 요양하다
- 先…再说 xiān…zàishuō • 우선 …하고 보자

실전 회화 단어 ②

- 好点儿了 hǎo diǎnr le • 좀 좋아졌다
- 走路 zǒulù • 동 걷다. 길을 걷다
- 好多了 hǎo duō le • 많이 좋아졌다
- 刀口 dāokǒu • 명 수술 자리
- 拆线 chāixiàn • 동 (수술한 후)실을 뽑다
- 出院 chūyuàn • 동 퇴원하다
- 闷 mèn • 형 답답하다. 우울하다
- 音乐 yīnyuè • 명 음악
- 本 běn • 양 (책을 세는 단위)권
- 小说 xiǎoshuō • 명 소설
- 世界 shìjiè • 명 세계
- 名著 míngzhù • 명 명작
- 需要 xūyào • 동 필요하다
- 尽管…好了 jǐnguǎn…hǎo le • 마음 놓고 …해도 된다
- 甭 béng • 부 …하지 마라
- 甭客气 béng kèqi • 사양하지 마시오

A 你 哪儿 不 舒服?
Nǐ nǎr bù shūfu?

어디가 불편하십니까?

B 头 疼、发烧、浑身 没 劲儿。
Tóu téng, fāshāo, húnshēn méi jìnr.

머리가 아프고 열이 나고, 온몸에 힘이 없습니다.

A 几 天 了?
Jǐ tiān le?

며칠 되었습니까?

B 三 天 了。
Sān tiān le.

3일 되었습니다.

회화 연습

头 晕、咳嗽
tóu yūn, késou

腰 酸 腿 疼
yāo suān tuǐ téng

A : 喂，你好！朴科长，是 我，金光来。
Wèi, nǐhǎo! Piáo kēzhǎng, shì wǒ, Jīnguānglái.

B : 你 怎么 还 不 来 上班 啊？
Nǐ zěnme hái bù lái shàngbān a?

A : 真 不好意思，今天 我 不 能 去 上班 了。
Zhēn bùhǎoyìsi, jīntiān wǒ bù néng qù shàngbān le.

B : 为什么？
Wèishénme?

A : 我 现在 在 医院 里。
Wǒ xiànzài zài yīyuàn li.

B : 你 怎么 了？
Nǐ zěnme le?

A : 我 身体 有点儿 不 舒服。
Wǒ shēntǐ yǒudiǎnr bù shūfu.

B : 什么 病？严 不 严重？
Shénme bìng? Yán bu yánzhòng?

A : 大夫 说 是 急性 肠炎，休息 两 天 就 会 好 的。
Dàifu shuō shì jíxìng chángyán, xiūxi liǎng tiān jiù huì hǎo de.

B : 那 你 就 在 家 里 好好儿 休息 吧。
Nà nǐ jiù zài jiā li hǎohāor xiūxi ba.

A : 最近 公司 那么 忙，我 真 有点儿 不好意思。
Zuìjìn gōngsī nàme máng, wǒ zhēn yǒudiǎnr bùhǎoyìsi.

B : 公司 里 的 事儿，你 就 不 要 操心 了，先 养 好 身体 再 说。
Gōngsī li de shìr, nǐ jiù bú yào cāoxīn le, xiān yǎng hǎo shēntǐ zài shuō.

A : 谢谢 您，科长。
Xièxie nín, kēzhǎng.

실전 회화 ②

A : 怎么样? 好点儿 了 吗?
Zěnmeyàng? Hǎodiǎnr le ma?

B : 好 多 了, 现在 能 走 路 了。
Hǎo duō le, xiànzài néng zǒu lù le.

A : 刀口 疼 不 疼?
Dāokǒu téng bu téng?

B : 不 疼 了, 明天 就 可以 拆线 了。
Bù téng le, míngtiān jiù kěyǐ chāixiàn le.

A : 这么 快 呀! 那 什么 时候 可以 出院?
Zhème kuài ya! Nà shénme shíhou kěyǐ chūyuàn?

B : 大夫 说 一 个 星期 以后 就 可以 出院 了。
Dàifu shuō yí ge xīngqī yǐhòu jiù kěyǐ chūyuàn le.

A : 我 看 你 呀, 还是 多 住 两 天 吧。
Wǒ kàn nǐ ya, háishi duō zhù liǎng tiān ba.

B : 我 一 天 也 不 想 多 住, 在 这 里 闷 死 了。
Wǒ yì tiān yě bù xiǎng duō zhù, zài zhè li mèn sǐ le.

A : 你 可以 听听 音乐, 看 看 书 啊。
Nǐ kěyǐ tīng ting yīnyuè, kàn kan shū a.

B : 我 已经 看 了 九 本 小说 了。
Wǒ yǐjīng kà le jiǔ běn xiǎoshuō le.

A : 我 家 有 很 多 世界 名著, 你 要 不 要?
Wǒ jiā yǒu hěn duō shìjiè míngzhù, nǐ yào bu yào?

B : 不 要 了, 我 这 里 还 有 很 多 书 没 看 呢。
Bú yào le, wǒ zhè li hái yǒu hěn duō shū méi kàn ne.

A : 如果 你 需要 什么, 尽管 说 好 了, 甭 客气。
Rúguǒ nǐ xūyào shénme, jǐnguǎn shuō hǎo le, béng kèqi.

B : 知道 了。
Zhīdao le.

 서술하기

我 好像 是 感冒 了, 早上 起床 以后, 发 高烧, 嗓子 也 疼, 还
Wǒ hǎoxiàng shì gǎnmào le, zǎoshang qǐchuáng yǐhòu, fā gāoshāo, sǎngzi yě téng, hái

流 鼻涕, 但 不 咳嗽。我 觉得 没 事儿, 所以 就 去 药店 买 了 点儿
liú bíti, dàn bù késou. Wǒ juéde méi shìr, suǒyǐ jiù qù yàodiàn mǎi le diǎnr

感冒药 吃 了, 可是 过 了 一 个 星期 还 不 见好, 没 办法 只好 去
gǎnmàoyào chī le, kěshì guò le yí ge xīngqī hái bú jiànhǎo, méi bànfǎ zhǐhǎo qù

医院 了。去 医院 看病 很 麻烦, 又 要 挂号, 又 要 排队 交钱, 我
yīyuàn le. Qù yīyuàn kànbìng hěn máfan, yòu yào guàhào, yòu yào páiduì jiāoqián, wǒ

早上 八 点 就 到 了 医院, 可是 一直 到 十 点 才 看 完, 大夫 说 我
zǎoshang bā diǎn jiù dào le yīyuàn, kěshì yìzhí dào shí diǎn cái kàn wán, dàifu shuō wǒ

得 的 是 重感冒, 他 给 我 开 了 两 种 药, 还 给 我 打 了 一 针。
dé de shì zhònggǎnmào, tā gěi wǒ kāi le liǎng zhǒng yào, hái gěi wǒ dǎ le yì zhēn.

问:

1. 感冒的时候, 你一般去药店买药还是去医院看病?
2. 有病的时候, 你喜欢去大医院还是小医院? 为什么?

서술하기 단어

好像 hǎoxiàng • 마치 …과 같다	麻烦 máfan • 번거롭다
感冒 gǎnmào • (감기에) 걸리다	挂号 guàhào • (병원에서) 접수시키다
发高烧 fā gāoshāo • 고열이 나다	排队 páiduì • 줄을 서다
嗓子 sǎngzi • 목(구멍)	交钱 jiāoqián • 돈을 내다
流鼻涕 liú bíti • 콧물을 흘리다	就 jiù • 이미. 벌써
没事儿 méishìr • 괜찮다	到 dào • 1. 도착하다 2. (시간 · 기한 · 날짜가)되다
药店 yàodiàn • 약국	一直 yìzhí • 줄곧
感冒药 gǎnmàoyào • 감기약	才 cái • 겨우
过 guò • 지나다. 경과하다	得 dé • (병에) 걸리다
见好 jiàn hǎo • (병 따위가) 호전되다	重感冒 zhònggǎnmào • 독감
办法 bànfǎ • 방법	两种药 liǎng zhǒng yào • 두 가지 약
只好 zhǐhǎo • 부득이. 할 수 없이	打针 dǎzhēn • 주사를 놓다
看病 kànbìng • (의사가)진찰하다. (환자가)진찰을 받다	

1 변화를 나타내는 어기조사 "了"

'了'는 구말(句末)에 쓰여 변화나 새로운 상황이 이미 일어났거나, 혹은 앞으로 나타날 것임을 나타낸다.

(1) 명사 + 了

春天了。 봄이다.
我是大学生了。 나는 대학생이 되었다.

(2) 수량사 + 了

我已经三十五岁了。 나는 이미 35살이 되었다.
感冒三天了。 감기에 걸린지 3일 되었다.
都十一点了，我该回家了。 벌써 11시가 되었네, 나 집에 가야겠다.

(3) 형용사 + 了

天气热了。 날씨가 더워졌네.
我爸爸的病好多了。 우리 아빠의 병은 많이 좋아졌다.
他比以前胖多了。 그는 예전보다 훨씬 뚱뚱해졌다.
她瘦了很多。 그녀는 살이 많이 빠졌다.
山上的树叶都红了。 산 중의 나뭇잎은 모두 빨갛게 물들었다.
他的脸红了。 그의 얼굴은 빨갛게 변했다.

(4) 可以(能) + 동사 + 了

…을 할 수 있게 되었음을 나타냄.
明天就可以回家了。 내일이면 집에 돌아갈 수 있게 되었다.
我能走路了。 나는 걸을 수 있게 되었다.

(5) 不 + 동사 + 了

원래의 계획이나 경향이 바뀌어 새로운 상황이 출현했음을 나타냄.
明天不休息了。 내일 쉬지 못하게 되었다.
我不去留学了。 나는 유학을 가지 않기로 하였다.

93

2 "了"의 용법 총정리

(1) 동사 뒤이나 동사술어문의 끝에 쓰여 동작의 완료를 나타냄.

我买了三本书。 나는 책 세 권을 샀다.
他去北京出差了。 그는 북경으로 출장갔다.

부정은 동사 앞에 '没'를 쓰는 대신 문장 끝의 '了'는 빼야 한다.

我没结婚。 나는 결혼을 하지 않았다.
我没吃早饭。 나는 아침밥을 먹지 않았다.

(2) '是, 有'와 형용사, 명사술어문의 끝에 쓰여 상황의 변화를 나타냄.

我是科长了。 나는 과장이 되었다.
我有汽车了。 나는 자동차가 생겼다.
天气热了。 날씨가 더워졌다.
我弟弟今年28岁了。 나의 남동생은 올해 28살 되었다.

(3) '……了……就……' '…을 한 다음 …을 …하다'라는 뜻으로 예정된 동작을 나타낸다.

你先去, 我下了班就去。 먼저 가세요, 저는 퇴근 후 곧 갈게요.

(4) '就(快)要……了'는 '곧 …할 것이다'라는 뜻으로 어떤 상황이 곧 출현함을 나타낸다.

要下雨了。 비가 곧 내릴 것이다.
秋天快要到了。 곧 가을이다.

(5) '别……了'는 저지를 나타낸다.

别抽烟了。 담배를 피우지 마세요.

(6) 재촉을 나타냄.

吃饭了! 식사합시다!
走了, 走了! 갑시다, 갑시다!

교체 연습

보기

A：你结婚几年了？

B：我结婚三年了。

---

①  5年

参加 工作 —— 几 年
cānjiā gōngzuò   jǐ nián

②  6年

来 韩国 —— 几 年
lái Hánguó   jǐ nián

③  8天

头疼 —— 几 天
tóuténg   jǐ tiān

④  8个月

怀孕 —— 几 个 月
huáiyùn   jǐ ge yuè

⑤  2天

手术 —— 几 天
shǒushù   jǐ tiān

⑥  9年

毕业 —— 几 年
bìyè   jǐ nián

guàhàochù
挂号处
외래접수

kāi yàofāng
开 药方
처방전을 쓰다

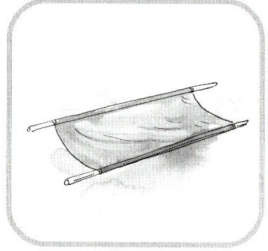

dānjià
担架
들 것

X guāng jiǎnchá
X光 检查
엑스레이 검사

xīndiàntú
心电图
심전도

yànxuè
验血
혈액 검사를 하다

liáng xuèyā
量 血压
혈압을 재다

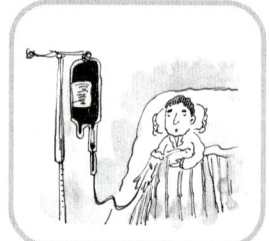

shūxuè
输血
수혈하다

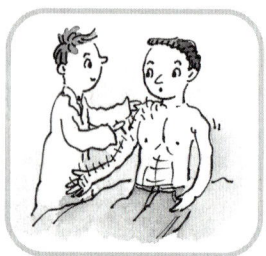

zhā zhēn
扎 针
침을 놓다

❶ 头疼 : ＿＿두건, ＿＿두뇌, ＿＿두발, ＿＿두서
tóuténg

▶▶▶
ⓐ 头脑　　　ⓑ 头绪　　　ⓒ 头发　　　ⓓ 头巾
　 tóunǎo　　　 tóuxù　　　 tóufa　　　 tóujīn

❷ 发烧 : ＿＿발휘하다, ＿＿발견하다, ＿＿발달하다 ＿＿발표하다
fāshāo

▶▶▶
ⓐ 发现　　　ⓑ 发挥　　　ⓒ 发表　　　ⓓ 发达
　 fāxiàn　　　 fāhuī　　　 fābiǎo　　　 fādá

❸ 急性 : ＿＿정확성, ＿＿만성, ＿＿남성, ＿＿민족성
jíxìng

▶▶▶
ⓐ 慢性　　　ⓑ 正确性　　　ⓒ 男性　　　ⓓ 民族性
　 mànxìng　　　 zhèngquèxìng　　　 nánxìng　　　 mínzúxìng

❹ 肠炎 : ＿＿간염, ＿＿폐렴, ＿＿비염, ＿＿위염
chángyán

▶▶▶
ⓐ 肺炎　　　ⓑ 肝炎　　　ⓒ 胃炎　　　ⓓ 鼻炎
　 fèiyán　　　 gānyán　　　 wèiyán　　　 bíyán

❺ 严重 : ＿＿엄숙하다, ＿＿엄격하다, ＿＿엄금하다, ＿＿엄수하다
yánzhòng

▶▶▶
ⓐ 严格　　　ⓑ 严守　　　ⓒ 严禁　　　ⓓ 严肃
　 yángé　　　 yánshǒu　　　 yánjìn　　　 yánsù

보기	腰酸腿疼，严重，操心，尽管，好多了，甭，浑身 闷，好好儿，不能，刀口

01. 最近我头疼、发烧，_____ 都不舒服。

02. 真不好意思，我_____ 去参加你的婚礼了。

03. 大夫说我的病不太_____，休息两天就会好的。

04. 你身体也不太好，公司里的事儿你就不要_____ 了，我们会做好的。

05. 最近我工作特别累，每天回到家里累得我_____，浑身都没劲儿。

06. 你先回饭店_____ 休息一下，等一会儿我来接你。

07. 我爸爸的病_____。

08. 手术以后_____ 可能会疼几天。

09. 病房太小，空气又不好，_____ 死我了。

10. 如果你想吃什么，_____ 说好了。

11. 你_____ 去了，他已经来了。

08 我家的下水道堵了。

우리 집의 하수도가 막혔습니다.

기본 회화 단어

- 物业 wùyè · 명 아파트 관리사무실
- 下水道 xiàshuǐdào · 명 하수도
- 堵 dǔ · 동 막히다
- 马上 mǎshàng · 부 곧
- 派人 pài rén · 동 사람을 파견하다
- 修理 xiūlǐ · 동 수리하다
- 对讲机 duìjiǎngjī · 명 인터폰
- 坏 huài · 동 망가지다
- 阳台 yángtái · 명 베란다
- 漏水 lòushuǐ · 동 물이 새다

실전 회화 단어 ①

- 空调 kōngtiáo · 명 에어컨
- 离 lí · 전 …까지 (공간적 · 시간적 거리를 나타냄)
- 着呢 zhe ne · 형용사의 뒤에 붙어 강조의 어기를 나타냄
- 底 dǐ · 명 말. 끝
- 过 guò · 동 지나다. 경과하다
- 可不是嘛 kěbúshì ma · 그렇고 말고(요)
- 一年四季 yì nián sì jì · 일 년 사계절

当中 dāngzhōng · 그 가운데
- 怕 pà · 동 무서워하다
- 海边 hǎibiān · 명 해변
- 超短裙 chāoduǎnqún · 명 미니스커트
- 看不出来 kàn bu chūlái · 알아볼 수 없다
- 滑冰 huábīng · 동 스케이트를 타다
- 既不…也不… jì bù…yě bù… · …하지 도 않고 …하지도 않다

실전 회화 단어 ②

- 师傅 shīfu · 명 사부
- 毛病 máobing · 명 1. 결함. 고장. 2. 나쁜 버릇
- 热水器 rèshuǐqì · 명 온수기
- 进水阀 jìnshuǐfá · 명 급수밸브
- 修(理) xiū(lǐ) · 동 수리하다
- 之内 zhīnèi · …의 내. …의 안
- 一年之内 yì nián zhī nèi · 일년 내
- 免费 miǎnfèi · 동 무료로 하다
- 去年 qùnián · 명 작년
- 收据 shōujù · 명 영수증
- 到 dào · 동 (시간 · 기간 · 날짜가) 되다

기본 회화

Ⓐ 喂, 是 物业 吗?
Wèi, shì wùyè ma?

여보세요, 관리사무실이예요?

Ⓑ 对, 您 有 什么 事儿?
Duì, nín yǒu shénme shìr?

네, 무슨 일이 있습니까?

Ⓐ 我 家 的 下水道 堵 了。
Wǒ jiā de xiàshuǐdào dǔ le.

우리집의 하수도가 막혔어요.

Ⓑ 噢, 我 马上 派 人 去 修理。
Ō, wǒ mǎshàng pài rén qù xiūlǐ.

네, 지금 바로 사람을 보내 수리해 드리겠습니다.

회화 연습

对讲机 坏 了
duìjiǎngjī huài le

阳台 漏 水 了
yángtái lòu shuǐ le

실전 회화 ❶

A : 我家的空调坏了，想买个新的。
Wǒ jiā de kōngtiáo huài le, xiǎng mǎi ge xīn de.

B : 离夏天还早着呢。
Lí xiàtiān hái zǎo zhe ne.

A : 都六月底了，不早了。
Dōu liù yuè dǐ le, bù zǎo le.

B : 时间过得真快呀!
Shíjiān guò de zhēn kuài ya!

A : 可不是嘛。
Kěbúshì ma.

B : 一年四季当中我最喜欢夏天。
Yì nián sì jì dāngzhōng wǒ zuì xǐhuan xiàtiān.

A : 我跟你正好相反，我怕热，我不喜欢夏天。
Wǒ gēn nǐ zhènghǎo xiāngfǎn, wǒ pà rè, wǒ bù xǐhuan xiàtiān.

B : 夏天多好啊! 可以去海边游泳，还可以穿超短裙呢。
Xiàtiān duō hǎo a! Kěyǐ qù hǎibiān yóuyǒng, hái kěyǐ chuān chāoduǎnqún ne.

A : 冬天更好。
Dōngtiān gèng hǎo.

B : 冬天有什么好的?
Dōngtiān yǒu shénme hǎo de?

A : 冬天可以去滑雪呀!
Dōngtiān kěyǐ qù huáxuě ya!

B : 真看不出来，你还会滑雪呀?
Zhēn kàn bu chūlái, nǐ hái huì huáxuě ya?

A : 我还会滑冰呢。
Wǒ hái huì huábīng ne.

B : 是吗? 我既不会滑雪，也不会滑冰，我只会游泳。
Shì ma? Wǒ jì bú huì huáxuě, yě bú huì huábīng, wǒ zhǐ huì yóuyǒng.

실전 회화 ❷

A : 师傅, 是 什么 毛病?
Shīfu,　shì shénme máobing?

B : 热水器 的 进水阀 坏 了。
Rèshuǐqì　de jìnshuǐfá huài le.

A : 能 不 能 修 好 啊?
Néng bu néng xiū hǎo　a?

B : 能, 不过 换 一 个 新 的 进水阀 要 两 万 块 钱。
Néng, búguò huàn yí　ge xīn　de jìnshuǐfá yào liǎng wàn kuài qián.

A : 一 年 之 内 不 是 可以 免费 修理 吗?
Yì nián zhī　nèi bú shì　kěyǐ miǎnfèi xiūlǐ　ma?

B : 你 是 什么 时候 买 的?
Nǐ　shì shénme shíhou mǎi de?

A : 好像 是 去年 买 的。
Hǎoxiàng shì qùnián mǎi de.

B : 有 没 有 收据?
Yǒu mei yǒu　shōujù?

A : 有, 在 这 里, 你 看 一下。
Yǒu, zài zhè li,　nǐ kàn　yíxià.

B : 噢, 是 去年 8 月 6 号 买 的, 还 不 到 一 年。
Ō,　shì qùnián bā yuè liù hào mǎi de, hái bú dào yì　nián.

A : 那 是 不 是 可以 免费 修理 啦?
Nà shì bu shì kěyǐ miǎnfèi xiūlǐ　la?

B : 是 的。
Shì de.

A : 太 好 了, 来, 师傅, 喝 点儿 水 再 修 吧。
Tài hǎo le,　lái,　shīfu, hē　diǎnr shuǐ zài xiū ba.

B : 谢谢!
Xièxie!

现在 北京、上海 的 物业 管理 工作 做 得 非常 好, 前 几 天 我
Xiànzài Běijīng, Shànghǎi de wùyè guǎnlǐ gōngzuò zuò de fēicháng hǎo, qián jǐ tiān wǒ

搬 到 了 一 个 新 的 小区, 可是 我 发现 客厅 里 的 对讲机 坏 了,
bān dào le yí ge xīn de xiǎoqū, kěshì wǒ fāxiàn kètīng li de duìjiǎngjī huài le,

所以 我 给 物业 打 了 个 电话, 不 到 五 分钟 他们 就 给 我 换 了
suǒyǐ wǒ gěi wùyè dǎ le ge diànhuà, bú dào wǔ fēnzhōng tāmen jiù gěi wǒ huàn le

一 个 新 的。无论 大事 小事 他们 都 非常 热情 地 为 小区 居民
yí ge xīn de. Wúlùn dàshì xiǎoshì tāmen dōu fēicháng rèqíng de wèi xiǎoqū jūmín

服务, 比如说 换 个 灯泡 啦, 钉 个 钉子 啦, 叫 个 出租车 啦, 只要
fúwù, bǐrúshuō huàn ge dēngpào la, dìng ge dīngzi la, jiào ge chūzūchē la, zhǐyào

你 给 他们 打 个 电话 就 都 可以 给 你 解决。总之, 我 对 我们 小区
nǐ gěi tāmen dǎ ge diànhuà jiù dōu kěyǐ gěi nǐ jiějué. Zǒngzhī, wǒ duì wǒmen xiǎoqū

的 服务 非常 满意。
de fúwù fēicháng mǎnyì.

问:
1. 你现在住的小区大不大?
2. 你对你们小区的物业管理工作满意吗?

서술하기 단어

物业管理 wùyè guǎnlǐ • 주택관리를 하다	服务 fúwù • 서비스
前几天 qián jǐ tiān • 며칠 전	比如说 bǐrúshuō • 예컨대
搬到 bān dào • …에 이사하다	灯泡 dēngpào • 전구
小区 xiǎoqū • 아파트 단지	钉 dìng • 못을 박다
发现 fāxiàn • 발견하다	钉子 dīngzi • 못
客厅 kètīng • 거실	叫 jiào • 부르다
不到 bú dào • 미치지 못하다	出租车 chūzūchē • 택시
无论 wúlùn • …에 관계없이	啦 la • 열거를 나타냄
热情 rèqíng • 친절하다	只要…就 zhǐyào…jiù… • …하면 …할 것이다
地 de • 단어나 词组 뒤에 붙어 상황어로 동사나 형용사를 수식함	解决 jiějué • 해결하다
居民 jūmín • 주민	总之 zǒngzhī • 총괄적으로 말해서
	满意 mǎnyì • 만족하다

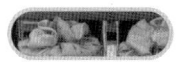 

"好像", "大概", "也许", "可能", "恐怕"의 구별

	뜻	예 문
好像	추측이나 느낌	他好像知道这件事儿。 그는 이 일을 알고 있는 것 같다. 他好像有点儿不舒服。 그 사람은 (몸이) 좀 안 좋아 보인다.
大概	1. (수량·시간과 관련된)대략	他大概十八岁。 그 사람은 대략 18살일 거야. 我大概晚上十点回家。 나는 오늘 저녁에 10시에 집에 들어갈 것 같다.
	2. (상황에 대한 추측) 아마도	大概他不会来了。 그는 아마 오지 않을 것 같다. 我想他大概会同意的。 내 생각엔 그가 동의할 것 같다.
也许	추측이나 불확실함을 나타냄	星期六也许加班。 토요일 아마 야근할 수도 있어. 吃了药也许就不疼了。 약을 먹으면 아프지 않을 수도 있어.
可能	비교적 확고한 추측을 나타냄	他可能得住院治疗。 그는 아마 입원하여 치료를 받아야 할 것 같다. 大家可能还记得这件事。 모두들 아마 그 일을 아직 기억하고 있을 겁니다.
恐怕	원하지 않는 일 혹은 안 좋은 상황에 대한 추측을 나타냄	恐怕要迟到。 아마 지각할 것 같다. 恐怕不行。 아마 안 될 것 같다. 恐怕是感冒了。 아마 감기에 걸린 것 같다.

bù chū rèshuǐ

不 出 热水

뜨거운 물이 안 나온다

méiqì lòu le

煤气 漏 了

가스가 샌다

zuòbiànqì dǔ le

坐便器 堵 了

변기가 막혔다

tíng diàn le

停 电 了

정전되었다

tíng shuǐ le

停 水 了

단수되었다

rèshuǐqì huài le

热水器 坏 了

온수기가 고장 났다

huàn dēngpào

换 灯泡

전구를 바꿔 끼다

ān shāchuāng

安纱窗

방충망을 설치하다

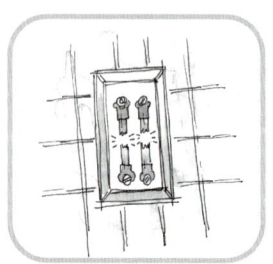

bǎoxiǎnsī shāo duàn le

保险丝 烧 断 了

퓨즈가 끊어졌다

어휘 플러스

❶ 物业 : _____물리, _____물가, _____물색하다, _____물품
wùyè

▶▶▶
ⓐ 物价　　ⓑ 物理　　ⓒ 物品　　ⓓ 物色
wùjià　　　wùlǐ　　　wùpǐn　　　wùsè

❷ 下水道 : _____국도, _____철도, _____지하통로, _____상수도
xiàshuǐdào

▶▶▶
ⓐ 上水道　　ⓑ 地下 通道　　ⓒ 国道　　ⓓ 铁道
shàngshuǐdào　　dìxià tōngdào　　guódào　　tiědào

❸ 修理 : _____수양, _____수녀, _____수정하다, _____수련하다
xiūlǐ

▶▶▶
ⓐ 修女　　ⓑ 修养　　ⓒ 修炼　　ⓓ 修正
xiūnǚ　　　xiūyǎng　　xiūliàn　　xiūzhèng

❹ 空调 : _____공백, _____공복, _____공간, _____공기
kōngtiáo

▶▶▶
ⓐ 空气　　ⓑ 空白　　ⓒ 空腹　　ⓓ 空间
kōngqì　　　kòngbái　　kōngfù　　kōngjiān

❺ 相反 : _____상당하다, _____상사병, _____상호, _____상응하다
xiāngfǎn

▶▶▶
ⓐ 相互　　ⓑ 相当　　ⓒ 相应　　ⓓ 相思病
xiānghù　　xiāngdāng　　xiāngyìng　　xiāngsībìng

문형 연습

我家的电风扇坏了，想买个新的。

"沙发"

都七点了，快点儿吃饭吧。

"起床"

真看不出来，你还会打网球啊？

"做菜"

09 我们进去看看吧。

우리 들어가 봅시다.

기본 회화 단어

□ 上来 shànglai • 동 올라오다

□ 上去 shàngqu • 동 올라가다

□ 一会儿 yíhuìr • 잠깐 동안

□ 下去 xiàqu • 동 내려가다

□ 下来 xiàlai • 동 내려오다

□ 进来 jìnlai • 동 들어오다

□ 进去 jìnqu • 동 들어가다

□ 出去 chūqu • 동 나가다

실전 회화 단어 ①

□ 发 fā • 동 (팩스·이메일·메시지 등을) 보내다

□ 电子邮件 diànzǐ yóujiàn • 명 이메일

□ 早就 zǎojiù • 부 벌써. 진작

□ 没收到 méi shōu dào • 받지 못했다

□ 麻烦 máfan • 형 번거롭게(귀찮게) 하다

□ 样品 yàngpǐn • 명 샘플

□ 寄 jì • 동 부치다

□ 搬 bān • 동 이사하다. 옮기다

□ 听说 tīngshuō • 동 듣는 바로는

□ 消息 xiāoxi • 명 소식

□ 灵通 língtōng • 형 (소식이) 빠르다

실전 회화 단어 ②

□ 着急 zháojí • 동 조급해하다

□ 着什么急 zháo shénme jí • 급하기는 뭐가 급해

□ 怎么 zěnme • 대 어째서. 왜

□ 怕 pà • 동 1. 무서워하다 2. 걱정하다

□ 表现 biǎoxiàn • 명 품행. 전반적인 태도

□ 新婚 xīnhūn • 명 신혼

□ 怀孕 huáiyùn • 동 임신하다

□ 记得 jìde • 동 기억하고 있다

□ 才 cái • 부 겨우

□ 好啦好啦 hǎo la hǎo la • 됐어

□ 说不过 shuō bu guò • 말로는 이겨낼 수 없다

□ 下次 xiàcì • 명 다음 번

□ 奉陪到底 fèng péi dào dǐ • 끝까지 함께 하겠습니다

기본 회화

Ⓐ 你 上来 吧。　　　　　　　　　　　네가 올라와.
Nǐ shànglai ba.

Ⓑ 我 不 上去 了, 我 在 这儿 等 你。
Wǒ bú shàngqu le, wǒ zài zhèr děng nǐ.
안 올라갈거야, 여기에서 기다릴게.

Ⓐ 那 你 等 我 一会儿, 我 马上 就 下去。
Nà nǐ děng wǒ yíhuìr, wǒ mǎshàng jiù xiàqu.
그럼 잠깐만 기다려, 내가 곧 내려갈게.

Ⓑ 好 的。　　　　　　　　　　　　　그래.
Hǎo de.

회화 연습

下来, 下去, 上去
xiàlai, xiàqu, shàngqu

进来, 进去, 出去
jìnlai, jìnqu, chūqu

Ⓐ : 你 给 我 发 电子 邮件 了 吗?
Nǐ gěi wǒ fā diànzǐ yóujiàn le ma?

Ⓑ : 早就 发 了。
Zǎojiù fā le.

Ⓐ : 什么 时候 发 的?
Shénme shíhou fā de?

Ⓑ : 昨天 晚上 发 的。
Zuótiān wǎnshang fā de.

Ⓐ : 是 吗? 可是 我 还 没 收 到。
Shì ma? Kěshì wǒ hái méi shōu dào.

Ⓑ : 那 我 再 给 你 发 一 次 吧。
Nà wǒ zài gěi nǐ fā yí cì ba.

Ⓐ : 麻烦 你 了。欸, 对 了, 样品 呢?
Máfan nǐ le. éi, duì le, yàngpǐn ne?

Ⓑ : 样品 过 几 天 再 给 你 寄 过去。
Yàngpǐn guò jǐ tiān zài gěi nǐ jì guòqu.

Ⓐ : 忘 了 告诉 你, 我们 公司 搬 了。
Wàng le gāosu nǐ, wǒmen gōngsī bān le.

Ⓑ : 我 早就 知道 了。
Wǒ zǎojiù zhīdao le.

Ⓐ : 你 怎么 知道 的?
Nǐ zěnme zhīdao de?

Ⓑ : 我 听 你们 科长 说 的。
Wǒ tīng nǐmen kēzhǎng shuō de.

Ⓐ : 你 消息 还 挺 灵通 的 呢。
Nǐ xiāoxi hái tǐng língtōng de ne.

Ⓑ : 那 当然。
Nà dāngrán.

실전 회화 ②

A : 张 科长, 太 晚 了, 我们 是 不 是 该 回家 了?
Zhāng kēzhǎng, tài wǎn le, wǒmen shì bu shì gāi huíjiā le?

B : 着 什么 急! 再 玩儿 会儿。
Zháo shénme jí! Zài wánr huìr.

A : 时间 不 早 了, 我 得 回去 了。
Shíjiān bù zǎo le, wǒ děi huíqu le.

B : 你 怎么 那么 怕 老婆 啊?
Nǐ zěnme nàme pà lǎopo a?

A : 科长, 我 这 不 是 怕 老婆, 是 爱 老婆 的 表现 啊。
Kēzhǎng, wǒ zhè bú shì pà lǎopo, shì ài lǎopo de biǎoxiàn a.

B : 噢, 我 忘 了, 你 是 新婚。
Ō, wǒ wàng le, nǐ shì xīnhūn.

A : 真 对不起, 我 爱人 怀孕 了, 所以 我 得 早点儿 回去。
Zhēn duìbuqǐ, wǒ àiren huáiyùn le, suǒyǐ wǒ děi zǎodiǎnr huíqu.

B : 你 爱人 怀孕 了? 我 记得 你 结婚 才 一 个 月, 怎么 这么
Nǐ àiren huáiyùn le? Wǒ jìde nǐ jiéhūn cái yí ge yuè, zěnme zhème

快 就 怀孕 了?
kuài jiù huáiyùn le?

A : 这 叫 "Honeymoon baby"。
Zhè jiào "Honeymoon baby".

B : 好 啦 好 啦, 我 说 不 过 你, 那 你 就 先 回去 吧。
Hǎo la hǎo la, wǒ shuō bu guò nǐ, nà nǐ jiù xiān huíqu ba.

A : 谢谢 科长, 下次 我 一定 奉 陪 到 底。
Xièxie kēzhǎng, xiàcì wǒ yídìng fèng péi dào dǐ.

B : 知道 了, 快 走 吧。
Zhīdao le, kuài zǒu ba.

A : 明天 见!
Míngtiān jiàn!

B : 明天 见!
Míngtiān jiàn!

令人怀念的明星之死

1. 邓丽君

　　1995年5月8日，42岁的邓丽君在泰国突发气喘而死，当时她同她的情人保罗（法国人）一同住在酒店里，邓丽君的死留给歌迷们无限的思念。邓丽君很有语言天赋，英语、日语、法语、马来语，都说得很流利。在汉语方面，包括广东话和上海话，邓丽君都说得不错。邓丽君的遗产不少，但她的最后一位情人保罗却不能继承，由于邓丽君未婚，父亲过世，她的遗产由妈妈继承。

2. 张国荣

　　2003年，香港知名艺人张国荣于4月1日（这一天正好是愚人节）18点41分，在香港中环文华酒店跳楼身亡。据报道张国荣的死可能有以下几个原因：有人说张国荣在演完电影《异度空间》之后就患上了抑郁症，还有人说是因为他的感情不太顺利（据说他是同性恋者），还有一种说法就是他的工作不太顺利。

问：

1. 在这两个明星当中，你喜欢哪一个？

_____

2. 你怎么看待他们的死？

_____

프리토킹 단어

邓丽君 Dènglìjūn • 등려군(대만 가수)	由 yóu • …께서
泰国 Tàiguó • 태국	张国荣 Zhāngguóróng • 장국영(인명)
突发 tūfā • 돌발하다	愚人节 Yúrénjié • 만우절
气喘 qìchuǎn • 천식	知名 zhīmíng • 저명하다
当时 dāngshí • 당시	跳楼 tiàolóu • (죽으려고) 빌딩에서 뛰어내리다
保罗 Bǎoluó • 바아오뤄 (인명)	身亡 shēnwáng • 사망하다
一同 yìtóng • 함께	据 jù • …에 따르면
留给 liúgěi • …에게 남기다	报道 bàodào • 보도하다
歌迷 gēmí • (가수의) 팬	以下 yǐxià • 이하
无限 wúxiàn • 무한하다	原因 yuányīn • 원인
思念 sīniàn • 그리움	演 yǎn • 연기하다. 공연하다
语言天赋 yǔyán tiānfù • 언어적인 소질	患上了 huàn shàng le • (병에) 걸리게 되었다
马来语 Mǎláiyǔ • 말레이시아어	抑郁症 yìyùzhèng • 우울증
流利 liúlì • 유창하다	感情 gǎnqíng • 감정
方面 fāngmiàn • 방면. 분야	据说 jùshuō • 듣건데
包括 bāokuò • 포함하다	同性恋者 tóngxìngliànzhě • 동성애
遗产 yíchǎn • 유산	说法 shuōfǎ • 견해
由于 yóuyú • …로 인하여	明星 míngxīng • 스타
未婚 wèihūn • 미혼	题目 tímù • 제목
继承 jìchéng • (유산·권리 따위를) 상속하다	歌名 gēmíng • 노래 제목
父亲 fùqin • 부친	看待 kàndài • 대하다. 취급하다
过世 guòshì • 서거하다	

 **방향보어**

(1) 정의 : 동사 뒤에 '来/去'가 와서 동작의 진행 방향을 보충 설명하는 보어를 단순 방향보어라고 한다.

(2) 자주 쓰는 단순 방향보어

단순 방향보어	뜻	단순 방향보어	뜻
上来	올라오다	过来	건너오다
上去	올라가다	过去	건너가다
下来	내려오다	出来	나오다
下去	내려가다	出去	나가다
回来	돌아오다	进来	들어오다
回去	돌아가다	进去	들어가다
起来	일어나다	带来	가지고 오다

(3) 단순 방향보어에 목적어가 있을 경우

> **동사 + 장소 목적어 + '来/去'**

你现在回家来吧。 지금 집으로 와.

快点儿进教室去吧。 빨리 교실로 들어가자.

> **동사 + 일반 목적어 + '来/去' + (일반 목적어)**

明天来的时候, 别忘了带书来。 내일 올 때 책 가지고 오는 거 잊지 마.

※ 참고 : 목적어가 장소가 아닌 일반 목적어일 경우, 목적어는 '来/去' 앞에 와도 되고 뒤에 와도 된다.

116

2 복합 방향보어

(1) 정의 : 동사 뒤에 '上, 下, 进, 出, 回, 过, 起+来/去'가 와서 동작의 진행 방향을 보충 설명하는 보어를 복합 방향보어라고 한다.

(2) 자주 쓰는 복합 방향보어

복합 방향보어	뜻	복합 방향보어	뜻
跑上来	뛰어 올라오다	跑过来	뛰어오다
跑下来	뛰어 내려오다	走过去	걸어서 건너가다
走上去	걸어 올라가다	走出来	걸어 나오다
走下去	걸어 내려가다	走出去	걸어 나가다
带回来	가져오다	跑进来	뛰어 들어오다
带回去	가져가다	跑进去	뛰어 들어가다
站起来	일어서다	带回来	가지고 오다

(3) 복합 방향보어에 목적어가 있을 경우

동사 + '上, 下, 进, 出, 回, 过, 起' + 장소 목적어 + '来/去'

我们走回家去吧。 우리 걸어서 집에 가자.

快点儿爬上山去吧。 빨리 산 정상으로 올라가자.

동사 + '上, 下, 进, 出, 回, 过, 起' + (일반 목적어) + '来/去' + 일반 목적어

他带回来了很多东西。 그는 많은 물건을 가지고 왔다.

他从公司带回来了一本书。 그는 회사에서 책 한 권을 가지고 왔다.

※ 참고 : 목적어가 장소가 아닌 일반 목적어일 경우, 목적어는 '来/去' 앞에 와도 되고 뒤에 와도 된다.

huíjiā chīfàn
回家 吃饭
집에 가서 밥을 먹다

chūqu wánr
出去 玩儿
나가 놀다

huí jiā qù
回 家 去
집으로 돌아가다

pá shàngqu
爬 上去
기어 올라가다

pǎo huílai
跑 回来
뛰어 돌아오다

dài huíqu
带 回去
가지고 가다

jǐ jìnqu
挤 进去
밀고 들어가다

tái shàngqu
抬 上去
들고 올라가다

rēng xiàqu
扔 下去
아래로 던지다

 **문형 연습**

我们**进去**看看吧。

"过去"

你给我发**电子邮件**吧。
(diànzǐ yóujiàn, 이메일)

"短信"
(duǎnxìn, 메시지)

我们**走下去**吧。

"爬上去"

 **빈칸 채우기**

| 보기 | 收到，麻烦，才，消息，怕，表现，记得，说不过
着急，搬，就 |

01. 我马上_____到家了，你呢？什么时候能到家？

02. 我还没_____你给我发的电子邮件，你能不能再给我发一次？

03. 每次都_____你来机场接我，真不好意思。

04. 我家离我们公司比较远，所以我_____家了。

05. 妈，告诉你一个好_____，我怀孕了。

06. 你别_____，不会有什么事儿的。

07. 我_____热，不怕冷。

08. 最近他在学校_____很好，上课的时候也非常认真。

09. 我来中国_____一个多月，可是我觉得好像是过了一年。

10. 我可_____你。

11. 我_____你结婚才一个月，怎么这么快就怀孕了？

120

보기

A： 你给我寄钱了吗？

B： 没有，我马上就给你寄过去。

①

发 电子 邮件
fā diànzǐ yóujiàn

②

发 短信
fā duǎnxìn

③

送 样品
sòng yàngpǐn

④

送 雨伞
sòng yǔsǎn

⑤

寄 信
jì xìn

⑥

寄 书
jì shū

10 火车马上就要开了。

기차가 곧 출발합니다.

기본 회화 단어

- 就要…了 jiù yào…le • 곧 …할 것이다
- 拿 ná • 동 들다. 쥐다
- 重 zhòng • 형 무겁다
- 东西 dōngxi • 명 물건
- 跑 pǎo • 동 뛰다

실전 회화 단어 ①

- 小光 Xiǎoguāng • 샤오꽝(애칭)
- 参加 cānjiā • 동 참가하다
- 婚礼 hūnlǐ • 명 결혼식
- 告诉 gàosu • 동 알려주다
- 可能 kěnéng • 부 아마
- 会 huì • 조동 …할 가능성이 있다
- 也是 yě shì • 그렇기는 하다
- 孩子 háizi • 명 아이
- 上小学 shàng xiǎoxué • 초등학교에 다니다
- 到底 dàodǐ • 부 도대체
- 接 jiē • 동 마중하다
- 停车 tíngchē • 동 차를 세우다
- 干脆…算了 gāncuì…suàn le • 아예 …하는 게 낫겠다
- 成 chéng • 좋다(동의·허가를 나타냄)
- 新村站 Xīncūnzhàn • 신촌역
- 出口 chūkǒu • 명 출구

실전 회화 단어 ②

- 怎么办 zěnmebàn • 어떻게 하냐
- 10点钟 shí diǎnzhōng • 10시
- 电视台 diànshìtái • 명 텔레비전 방송국
- 录像 lùxiàng • 동 녹화하다
- 暴雨 bàoyǔ • 명 폭우
- 降落 jiàngluò • 동 착륙하다
- 办法 bànfǎ • 명 방법. 방책. 조치
- 算了 suànle • 동 됐다. 내버려두다
- 飞行 fēixíng • 동 비행하다
- 通知 tōngzhī • 동 통지하다
- 再等等看 zài děngdeng kàn • 좀 더 기다려보다
- 也许 yěxǔ • 부 아마
- 第一次 dì yī cì • 명 처음
- 遇到 yùdào • 동 만나다
- 情况 qíngkuàng • 명 상황
- 夏威夷 Xiàwēiyí • 명 하와이
- 主任 zhǔrèn • 명 주임
- 还好 háihǎo • 다행히(도)
- 发生 fāshēng • 동 발생하다
- 紧急 jǐnjí • 형 긴박하다
- 总比…好一些 zǒng bǐ…hǎo yìxiē • 아무튼 …하는 것보다 낫다

A 火车 马上 就要 开 了, 快 跑 啊!
Huǒchē mǎshàng jiùyào kāi le, kuài pǎo a!
기차가 곧 떠나려고 합니다, 빨리 뛰세요!

B 拿 着 这么 重 的 东西 怎么 跑 啊?
Ná zhe zhème zhòng de dōngxi zěnme pǎo a?
이렇게 무거운 물건을 들고 어떻게 뛸 수 있겠습니까?

A 来, 我 帮 你 拿。   제가 들어드릴게요.
Lái, wǒ bāng nǐ ná.

B 谢谢 了。   감사합니다.
Xièxie le.

회화 연습

公共 汽车 马上 就要 开 了
gōnggòng qìchē mǎshàng jiùyào kāi le

马上 就要 下雨 了
mǎshàng jiùyào xiàyǔ le

실전 회화 ①

A : 这 个 星期六 小光 结婚, 你 去 不 去 参加 他 的 婚礼 啊?
Zhè ge xīngqīliù Xiǎoguāng jiéhūn, nǐ qù bu qù cānjiā tā de hūnlǐ a?

B : 小光 要 结婚 了?
Xiǎoguāng yào jiéhūn le?

A : 你 还 不 知道 啊?
Nǐ hái bù zhīdào a?

B : 我 不 知道, 他 怎么 没 告诉 我 呢?
Wǒ bù zhīdào, tā zěnme méi gàosu wǒ ne?

A : 我 想 可能 是 不好意思 吧。
Wǒ xiǎng kěnéng shì bùhǎoyìsi ba.

B : 有 什么 不好意思 的。
Yǒu shénme bùhǎoyìsi de.

A : 三十八 岁 了 才 结婚, 当然 会 觉得 不好意思。
Sānshíbā suì le cái jiéhūn, dāngrán huì juéde bùhǎoyìsi.

B : 也 是, 我 跟 他 同岁, 可是 我 的 孩子 都 上 小学 了。
Yě shì, wǒ gēn tā tóngsuì, kěshì wǒ de háizi dōu shàng xiǎoxué le.

A : 你 到底 去 不 去 呀?
Nǐ dàodǐ qù bu qù ya?

B : 去 去 去。
Qù qù qù.

A : 那 我们 一起 开车 去 吧, 周六 我 去 你 家 接 你。
Nà wǒmen yìqǐ kāichē qù ba, zhōuliù wǒ qù nǐ jiā jiē nǐ.

B : 那儿 哪儿 有 地方 停车 啊? 干脆 我们 坐 地铁 算 了。
Nàr nǎr yǒu dìfang tíngchē a? Gāncuì wǒmen zuò dìtiě suàn le.

A : 那 也 成, 那 我们 在 哪儿 见面?
Nà yě chéng, nà wǒmen zài nǎr jiànmiàn?

B : 在 新村站 的 四 号 出口 见面 吧。
Zài Xīncūnzhàn de sì hào chūkǒu jiànmiàn ba.

실전 회화 ❷

A : 怎么 办 啊? 10 点钟 我 得 去 电视台 录像。
Zěnme bàn a? Shí diǎn zhōng wǒ děi qù diànshìtái lùxiàng.

B : 因为 下 暴雨 飞机 不 能 降落, 我们 也 没 有 什么 办法 啊。
Yīnwèi xià bàoyǔ fēijī bù néng jiàngluò, wǒmen yě méi yǒu shénme bànfǎ a.

A : 不会 有 什么 事 吧?
Bú huì yǒu shénme shì ba?

B : 算 了, 别 去 想 它 了。
Suàn le, bié qù xiǎng tā le.

A : 现在 飞机 正在 飞行, 又 不 能 打 电话 通知 他们。
Xiànzài fēijī zhèngzài fēixíng, yòu bù néng dǎ diànhuà tōngzhī tāmen.

B : 再 等 等 看, 也许 会 有 办法。
Zài děng deng kàn, yěxǔ huì yǒu bànfǎ.

A : 我 是 第 一 次 遇到 这样 的 情况。
Wǒ shì dì yī cì yùdào zhèyàng de qíngkuàng.

B : 我 以前 遇到 过 一 次。
Wǒ yǐqián yùdào guo yí cì.

A : 那 是 在 什么 时候?
Nà shì zài shénme shíhou?

B : 那 是 在 3 年 前, 我 去 夏威夷 的 时候。
Nà shì zài sān nián qián, wǒ qù Xiàwēiyí de shíhou.

A : 那时 是 你 一 个 人 去 的 吗?
Nàshí shì nǐ yí ge rén qù de ma?

B : 不 是, 我 跟 我们 主任 一起 去 的。
Bú shì, wǒ gēn wǒmen zhǔrèn yìqǐ qù de.

A : 还 好。
Hái hǎo.

B : 是 啊! 发生 紧急 情况 的 时候, 两 个 人 总 比 一 个 人 要
Shì a! Fāshēng jǐnjí qíngkuàng de shíhou, liǎng ge rén zǒng bǐ yí ge rén yào

好 一 些。
hǎo yì xiē.

有 一 天, 我 很 晚 才 回家, 等 我 到 我 家 楼 门 前 的 时候,
Yǒu yì tiān, wǒ hěn wǎn cái huíjiā, děng wǒ dào wǒ jiā lóu ménqián de shíhou,

发现 电梯 坏 了, 没 办法 我 只好 爬 楼梯。我 家 在 21 楼, 大概 爬
fāxiàn diàntī huài le, méi bànfǎ wǒ zhǐhǎo pá lóutī. Wǒ jiā zài èrshíyī lóu, dàgài pá

了 半 个 小时, 可是 等 我 爬 到 我 家 门口 的 时候, 又 发现 我 忘
le bàn ge xiǎoshí, kěshì děng wǒ pá dào wǒ jiā ménkǒu de shíhou, yòu fāxiàn wǒ wàng

了 带 钥匙, 我 伤心 极 了, 又 不 能 睡 在 走廊, 所以 我 又 爬 下
le dài yàoshi, wǒ shāngxīn jí le, yòu bù néng shuì zài zǒuláng, suǒyǐ wǒ yòu pá xià

楼梯 去 办公室 拿 钥匙。等 我 再 到 我 家 楼 门 前 的 时候, 电梯
lóutī qù bàngōngshì ná yàoshi. Děng wǒ zài dào wǒ jiā lóu ménqián de shíhou, diàntī

已经 修 好 了, 我 高兴 极 了。可是 不幸 的 是 电梯 走 到 18 楼
yǐjīng xiū hǎo le, wǒ gāoxìng jí le. Kěshì búxìng de shì diàntī zǒu dào shíbā lóu

突然 停住 了, 我 害怕 极 了, 四处 打 电话 求救, 但 还是 在 电梯
tūrán tíngzhù le, wǒ hàipà jí le, sìchù dǎ diànhuà qiújiù, dàn háishi zài diàntī

里 困 了 一 个 多 小时。
li kùn le yí ge duō xiǎoshí.

번역하기 단어

有一天 yǒu yì tiān • 어느 날	伤心 shāngxīn • 상심하다
等…的时候 děng…de shíhou • …때	형용사 + 极了…… jí le • 매우 …하다
到 dào • 도착하다	走廊 zǒuláng • 복도
楼 lóu • 1. 빌딩 2. 층	不幸 búxìng • 불행히도
门前 ménqián • 문 앞	停住了 tíng zhù le • 멈춰 섰다
电梯 diàntī • 엘리베이터	害怕 hàipà • 두려워하다
爬 pá • 기다. 기어가다	四处 sìchù • 사방
楼梯 lóutī • 계단	求救 qiújiù • 구조를 간청하다
门口 ménkǒu • 입구	困 kùn • 가두어 놓다

126

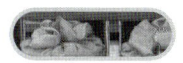 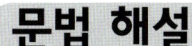

 "要⋯⋯了"의 용법

(1) '要⋯⋯了'는 '곧 ⋯할 것이다' 라는 뜻으로 아직은 아니지만 어떤 상황이 곧 발생할 것임을 표시한다.

飞机要起飞了。 비행기가 곧 이륙하려고 합니다.
银行要关门了。 은행은 곧 문을 닫습니다.

(2) '要⋯⋯了 구조의 '要' 앞에 '快'나 '就'를 붙여서 시간의 촉박함을 나타낼 수도 있다. 즉 '快(要)⋯⋯了', '就要⋯⋯了'로 사용한다.

我快要到家了。 나는 곧 집에 도착할 거야.
火车就要开了。 기차가 곧 떠나려고 한다.
我快毕业了。 나는 곧 졸업할 거야.

(3) '就要⋯⋯了' 앞에는 시간 명사가 부사어로 올 수 있지만, '快(要)⋯⋯了'의 형식은 시간 명사가 올 수 없다.

我下个月就要回国了。 난 다음 달에 곧 귀국할 거야.

2 **"才"와 "就"의 구별**

	才	就
뜻	겨우	벌써
차이점	동작의 진행이 예상보다 순조롭지 않음을 나타냄.	동작의 진행이 예상보다 순조로움을 나타냄.
예 문	八点出发，下午两点半才到。 8시에 출발하여, 오후 2시 되어서야 도착했다.	八点出发，下午一点就到了。 8시에 출발하여, 오후 1시에 바로 도착했어.

qǐng bāng bang máng
请 帮 帮 忙
좀 도와주세요

qǐng ràng yi ràng
请 让 一 让
좀 비켜주세요

qǐng kāi yíxià mén
请 开 一 下 门
문을 좀 열어주세요

zhào le, xiào yi xiào, qiézi
照了, 笑 一 笑, 茄子
찍습니다, 웃으세요, 가지

chīfàn le, chīfàn le
吃饭 了, 吃饭 了
식사합시다

zǒu le, zǒu le
走 了, 走 了
갑시다

✳ 어휘 플러스

❶ 东西 : _____동분서주하다, _____동남아, _____동해, _____동방
dōngxi

> ▶▶▶
> ⓐ 东方　dōngfāng
> ⓑ 东奔西走　dōng bēn xī zǒu
> ⓒ 东海　dōnghǎi
> ⓓ 东南亚　dōngnányà

❷ 参加 : _____참고하다, _____조언하다, _____참여하다, _____참관하다
cānjiā

> ▶▶▶
> ⓐ 参考　cānkǎo
> ⓑ 参观　cānguān
> ⓒ 参谋　cānmóu
> ⓓ 参与　cānyù

❸ 意思 : _____의도, _____의식, _____의견, _____의외
yìsi

> ▶▶▶
> ⓐ 意见　yìjiàn
> ⓑ 意识　yìshí
> ⓒ 意图　yìtú
> ⓓ 意外　yìwài

❹ 当然 : _____당사자, _____당대, _____당장, _____당시
dāngrán

> ▶▶▶
> ⓐ 当场　dāngchǎng
> ⓑ 当事人　dāngshìrén
> ⓒ 当代　dāngdài
> ⓓ 当时　dāngshí

❺ 同岁 : _____동시, _____동거하다, _____동의하다, _____동포
tóngsuì

> ▶▶▶
> ⓐ 同胞　tóngbāo
> ⓑ 同居　tóngjū
> ⓒ 同意　tóngyì
> ⓓ 同时　tóngshí

 빈칸 채우기

보기	到底， 同岁， 遇到， 干脆， 发生， 也许， 发现 情况， 降落， 停， 参加

01. 这个星期六我得_____两个婚礼。

02. 我跟我爱人是_____。

03. 你_____想不想去? 如果你不想去的话，那我就自己去了。

04. 小张，在前边十字路口_____一下好吗?

05. 又不是什么好事儿，_____我们不要告诉他了。

06. 飞机起飞和_____的时候，请不要使用手机或者电脑。

07. 我是第一次_____这样的情况。

08. 你不要着急，_____会有办法通知他们的。

09. _____什么事情了?

10. 你们那里的_____怎么样?

11. 到我家门口的时候，我才_____我忘了带钥匙。

문형 연습

飞机马上就要到仁川机场了。

"釜山机场"

我想可能是路上堵车吧。

"火车晚点了"

我是第一次遇到这么大的暴雨。

(bàoyǔ, 폭우)

"台风(táifēng, 태풍)"

找不到的话就算了。

찾지 못하면 됐습니다.

기본 회화 단어

- 找 zhǎo · 동 찾다
- 找到了 zhǎo dào le · (찾으려던 것을 드디어)찾았다
- 找不到 zhǎo bu dào · 찾을 수 없다
- …的话 …dehuà · 조 …하다면
- 钱包 qiánbāo · 명 지갑

- 担心 dānxīn · 동 걱정하다
- 硬朗 yìnglang · 형 정정하다
- 其实 qíshí · 부 사실은
- 老 lǎo · 형 늙다
- 总 zǒng · 부 늘. 줄곧
- 呆 dāi · 동 머무르다
- 试试看 shìshi kàn · 해보다. 시도하다

실전 회화 단어 ①

- 过 guò · 동 지내다
- 过节 guò jié · 동 명절을 지내다
- 中秋节 Zhōngqiūjié · 명 추석
- 老家 lǎojiā · 명 고향
- 买不到 mǎi bu dào · 살 수 없다. 사지 못하다
- 高速公路 gāosù gōnglù · 명 고속도로
- 堵车 dǔ chē · 동 차가 막히다
- 厉害 lìhai · 형 1. 심하다 2. 사납다 3. 대단하다
- 受不了 shòu bu liǎo · 견딜 수 없다. 참을 수 없다
- 难买 nán mǎi · 사기 어렵다
- 父母 fùmǔ · 명 부모
- 年纪 niánjì · 명 연세

실전 회화 단어 ②

- 收到了 shōu dào le · 받았다
- 打不开 dǎ bu kāi · 열 수 없다. 안 열린다
- 怎么可能呢 zěnme kěnéng ne · 그럴 수가 있어?
- 压缩 yāsuō · 동 압축하다
- 文件 wénjiàn · 명 문서
- 解压 jiěyā · 동 압축을 풀다
- 恐怕 kǒngpà · 부 (나쁜 결과를 예상해서) 아마 …일 것이다
- 容量 róngliàng · 명 용량
- 发 fā · 동 발송하다
- 网络 wǎngluò · 명 네트워크
- 硬盘 yìngpán · 명 하드디스크

기본 회화

A 找 到 手机 了 没 有?
Zhǎo dào shǒujī le méi yǒu?

핸드폰을 찾으셨어요?

B 没 有。
Méi yǒu.

아니요.

A 找 不 到 的话 就 算 了。
Zhǎo bu dào dehuà jiù suàn le.

찾을 수 없으면 됐어요.

B 我 再 找 找 看。
Wǒ zài zhǎo zhao kàn.

제가 다시 찾아볼게요.

회화 연습

钥匙
yàoshi

钱包
qiánbāo

A : 今年 过 中秋节 的 时候, 你 回 不 回 老家 啊?
Jīnnián guò Zhōngqiūjié de shíhou, nǐ huí bu huí lǎojiā a?

B : 想 回 是 想 回, 可是 买 不 到 火车票 啊!
Xiǎng huí shì xiǎng huí, kěshì mǎi bu dào huǒchēpiào a!

A : 可以 开车 去 啊。
Kěyǐ kāichē qù a.

B : 那时 高速 公路 堵 车 堵 得 太 厉害, 我 可 受 不 了。
Nàshí gāosù gōnglù dǔ chē dǔ de tài lìhai, wǒ kě shòu bu liǎo.

A : 那 就 坐 飞机 去 吧。
Nà jiù zuò fēijī qù ba.

B : 飞机票 比 火车票 还 难 买 呢。
Fēijīpiào bǐ huǒchēpiào hái nán mǎi ne.

A : 那 你 今年 不 打算 回去 了?
Nà nǐ jīnnián bù dǎsuan huíqu le?

B : 我 想 让 我 父母 来 我 这里 过节。
Wǒ xiǎng ràng wǒ fùmǔ lái wǒ zhèli guò jié.

A : 这 也 是 个 办法。
Zhè yě shì ge bànfǎ.

B : 不过 我 父母 年纪 有点儿 大, 我 有点儿 担心。
Búguò wǒ fùmǔ niánjì yǒudiǎnr dà, wǒ yǒudiǎnr dānxīn.

A : 你 父母 今年 多大 年纪 了?
Nǐ fùmǔ jīnnián duōdà niánjì le?

B : 今年 六十七 岁 了, 不过 还 很 硬朗。
Jīnnián liùshíqī suì le, búguò hái hěn yìnglang.

A : 其实 人 老 了, 总 呆 在 家 里 也 不 太 好。
Qíshí rén lǎo le, zǒng dāi zài jiā li yě bú tài hǎo.

B : 是 吗? 那 我 今年 就 试 试 看。
Shì ma? Nà wǒ jīnnián jiù shì shi kàn.

실전 회화 ❷

A : 我 给 你 发 的 电子 邮件 收 到 了 没 有?
Wǒ gěi nǐ fā de diànzǐ yóujiàn shōu dào le méi yóu?

B : 收 到 了, 可是 打 不 开。
Shōu dào le, kěshì dǎ bu kāi.

A : 打 不 开? 怎么 可能 呢?
Dǎ bu kāi? Zěnme kěnéng ne?

B : 我 试 了 好 几 次, 都 不 行。
Wǒ shì le hǎo jǐ cì, dōu bù xíng.

A : 噢, 对 了, 我 给 你 发 的 是 压缩 文件, 你 得 解 压。
Ō, duì le, wǒ gěi nǐ fā de shì yāsuō wénjiàn, nǐ děi jiě yā.

B : 我 可 不 会 解 压。
Wǒ kě bú huì jiě yā.

A : 那 我 再 给 你 发 一 次 吧。
Nà wǒ zài gěi nǐ fā yí cì ba.

B : 麻烦 你 了。
Máfan nǐ le.

A : 可是 如果 解 完 压 再 给 你 发 的话, 恐怕 容量 会 太 大。
Kěshì rúguǒ jiě wán yā zài gěi nǐ fā dehua, kǒngpà róngliàng huì tài dà.

B : 没 关系, 你 可以 发 到 我 的 网络 硬盘 上。
Méi guānxi, nǐ kěyǐ fā dào wǒ de wǎngluò yìngpán shang.

A : 好 的。
Hǎo de.

B : 你 大概 什么 时候 能 发 给 我?
Nǐ dàgài shénme shíhou néng fā gěi wǒ?

A : 我 现在 在 外边, 下午 发 行 不 行?
Wǒ xiànzài zài wàibian, xiàwǔ fā xíng bu xíng?

B : 行。
Xíng.

请你当一把红娘

李海光，男，大学毕业，34岁，1米80，私营业主，月收入50000元以上，幽默风趣，身体健康强壮，事业有成。想找一位气质修养好，温柔大方的女性。

张美花，女，中专毕业，26岁，1米62，在银行工作，月收入一千三百元，想找一个又有能力又会体贴人的男士。

赵丽丽，女，35岁，1米65，硕士，工程师，月收入2000~3000元，喜欢的运动是跑步、乒乓球和排球。希望找一位年龄35岁以上，身高1米75左右的未婚男性，学历不限。

赵丹，男，博士毕业，40岁，1米70，在研究所工作，月收入三千元，未婚，希望找一位平凡的姑娘。

问: 你觉得上边四个人当中, 谁跟谁比较合适？为什么？

분임 활동 시간 단어

米 mǐ · 미터	工程师 gōngchéngshī · 엔지니어
私营业主 sīyíng yèzhǔ · 자영업자	跑步 pǎobù · 달리기
月收入 yuèshōurù · 월수입	年龄 niánlíng · 연령
风趣 fēngqù · 유머	身高 shēngāo · 키. 신장
健康强壮 jiànkāng qiángzhuàng · 건강하고 강건하다	左右 zuǒyòu · 가량. 내외
事业有成 shìyè yǒuchéng · 사업적으로 성공하다	未婚 wèihūn · 미혼
气质 qìzhì · 기질. 풍격	学历 xuélì · 학력
修养 xiūyǎng · 수양	不限 bú xiàn · 제한이 없다
温柔大方 wēnróu dàfang · 온유하고 대범하다	博士 bóshì · 박사
女性 nǚxìng · 여성	研究所 yánjiūsuǒ · 연구소
中专 zhōngzhuān · 전문대	平凡 píngfán · 평범하다
有能力 yǒunénglì · 유능하다	姑娘 gūniang · 처녀. 아가씨
体贴人 tǐtiērén · 사람을 자상하게 보살펴주다	当中 dāngzhōng · 가운데
硕士 shuòshì · 석사	合适 héshì · 적합하다

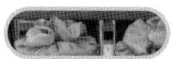 

가능보어

정의 : 술어 뒤에서 어떠한 결과나 상황에 도달할 수 있는지 없는지를 보충 설명해
주는 보어를 가능보어라고 한다. 일반적으로 방향보어와 결과보어 앞에 '得/
不'를 써서 '가능/불가능'을 나타낸다.

(1) 긍정형

주어 + 동사 + 得 + 결과보어/방향보어

八点以前我回得去。8시 전에는 돌아갈 수 있습니다.
生词太多了, 我记不住。 새 단어가 너무 많아서 다 기억할 수 없습니다.

(2) 부정형

주어 + 동사 + 不 + 결과보어/방향보어

现在我出不去。 저는 지금 나갈 수 없습니다.
我一个人吃不完。 저 혼자서 다 먹을 수 없습니다.

(3) 자주 쓰는 가능보어

가능보어	뜻	가능보어	뜻
去不了	갈 수 없다	出不去	나갈 수 없다
忘不了	잊을 수 없다	进不去	들어갈 수 없다
吃不了	다 먹을 수 없다	买不着	(구하기 힘들어)살 수 없다
记不住	기억할 수 없다	上得去	올라갈 수 있다
抓不住	꼭 잡을 수 없다	起得来	일어날 수 있다
看不见	안 보인다. 볼 수 없다	买不起	(경제적인 여유가 없어) 살 수 없다
听不见	들리지 않는다. 들을 수 없다	抬不动	(너무 무거워서)들 수 없다

그림으로 배우는 중국어

A：你到哪儿了？

B：我刚到_____。

gāosù gōnglù shōufèizhàn
高速 公路 收费站
톨게이트

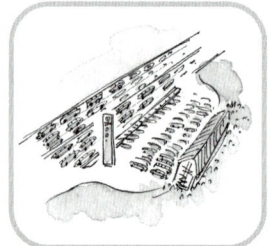

gāosù gōnglù fúwùqū
高速 公路 服务区
고속도로 휴게소

chūkǒu
出口
출구

kèyùnzhàn
客运站
터미널

huǒchēzhàn
火车站
기차역

jīchǎng
机场
공항

mǎtóu
码头
부두

gōnggòng qìchēzhàn
公共 汽车站
버스 정류장

dìtiězhàn
地铁站
지하철역

眼镜(yǎnjìng 안경)

还没找到。

我想回老家，可是买不到火车票。

周末的时候高速公路堵车堵得厉害吗？

今年他们打算在哪里过春节？

어휘 플러스

❶ 钱包 : _____ 핸드백, _____ 책가방, _____ 서류 가방, _____ 여행 가방
  qiánbāo

  ▶▶▶
  ⓐ 书包   ⓑ 手提包   ⓒ 公文包   ⓓ 旅行包
    shūbāo   shǒutíbāo   gōngwénbāo   lǚxíngbāo

❷ 高速 : _____ 고등학교, _____ 고도, _____ 고귀하다, _____ 고급
  gāosù

  ▶▶▶
  ⓐ 高度   ⓑ 高中   ⓒ 高贵   ⓓ 高级
    gāodù   gāozhōng   gāoguì   gāojí

❸ 受不了 : _____ 다 먹을 수 없다, _____ 갈 수 없다, _____ 다 마실수 없다,
  shòu bu liǎo   _____ 잊을 수 없다

  ▶▶▶
  ⓐ 吃不了   ⓑ 去不了   ⓒ 喝不了   ⓓ 忘不了
    chī bu liǎo   qù bu liǎo   hē bu liǎo   wàng bu liǎo

❹ 找不到 : _____ 살 수 없다, _____ 안 보인다, _____ 안 들린다,
  zhǎo bu dào   _____ 생각하지 못하다

  ▶▶▶
  ⓐ 买不到   ⓑ 看不见   ⓒ 听不见   ⓓ 想不到
    mǎi bu dào   kàn bu jiàn   tīng bu jiàn   xiǎng bu dào

❺ 年纪 : _____ 연대, _____ 연령, _____ 연로하다, _____ 연말
  niánjì

  ▶▶▶
  ⓐ 年龄   ⓑ 年代   ⓒ 年老   ⓓ 年底
    niánlíng   niándài   niánlǎo   niándǐ

문형 연습

太脏了，洗不干净。

"擦"

窗户坏了，关不上。

"门" — "打不开"

人太多了，挤不进去。

"不出去"

빈칸 채우기

01. 韩国人_____生日的时候一般吃什么？

02. 好_____好，不过太贵了。

03. 我_____火车票了，我们可以坐火车回老家了。

04. 我们新来的老师可_____了，我们都怕他。

05. 北京的夏天太热了，我可_____。

06. _____你不用那么担心，你的孩子都20岁了，他会理解你的。

07. 我父母今年已经70多岁了，不过身体还很_____。

08. 我可以_____那件红色的衣服吗？

09. 是这把钥匙吗？怎么_____呀？

10. 我的电脑_____太小，得换一台新的。

11. _____他不会同意，我们还是不要去找他了。

보기

A：你睡得着吗？

B：我睡不着。

---

①

出 得 来
chū de lái

②

上 得 去
shàng de qù

③

吃 得 了
chī de liǎo

④

看 得 见
kàn de jiàn

⑤

抬 得 动
tái de dòng

⑥

跑 得 动
pǎo de dòng

12 你现在接电话方便吗?
지금 전화를 받으실 수 있습니까?

기본 회화 단어

- 接 jiē • 동 (전화를) 받다
- 方便 fāngbiàn • 형 편리하다
- 上飞机 shàng fēijī • 비행기에 오르다
- 到 dào • 동 도착하다

실전 회화 단어 ①

- 换 huàn • 동 바꾸다
- 彩铃 cǎilíng • 명 컬러링
- 好听 hǎotīng • 형 듣기 좋다
- 勤 qín • 형 빈번하다
- 让 ràng • 동 …하게 하다
- 欣赏 xīnshǎng • 동 감상하다
- 最新 zuìxīn • 형 최신의
- 吵 chǎo • 형 시끄럽다
- 外行 wàiháng • 명 아무 것도 모르다. 문외한이다
- 本来 běnlái • 부 본래. 원래
- 对…感兴趣 duì…gǎn xìngqù • …에 흥미가 있다
- 网球 wǎngqiú • 명 테니스
- 打上网球了 dǎ shang wǎngqiú le • 테니스를 하게 되었다
- 没多长时间 méi duō cháng shíjiān • 시간이 오래 되지 않았다
- 较量 jiàoliang • 동 겨루다

실전 회화 단어 ②

- 哎 āi • 감 야. 참. 이봐
- 电子警察 diànzǐ jǐngchá • 명 교통위반 단속 카메라
- 地图 dìtú • 명 지도
- 安 ān • 동 설치하다
- 卫星导航器 wèixīng dǎohángqì • 명 네비게이션
- 引路 yǐnlù • 동 길을 안내하다
- 只要…就… zhǐyào…jiù… • 접 …하기만 하면 …할 것이다
- 点 diǎn • 동 (손가락·펜으로) 찍다. 터치
- 地点 dìdiǎn • 명 장소
- 目的地 mùdìdì • 명 목적지
- 详细 xiángxì • 형 상세하다
- 路标 lùbiāo • 명 이정표
- 共和立交 gònghé lìjiāo • 명 꿍허 인터체인지
- 虹桥机场 Hóngqiáo jīchǎng • 명 홍챠오 공항 (상해 국내 공항)
- 方向 fāngxiàng • 명 방향
- 没错 méicuò • 틀림없다
- 按 àn • 전 …에 따라서

기본 회화

Ⓐ 你 现在 接 电话 方便 吗？　지금 전화를 받을 수 있습니까?
Nǐ　xiànzài　jiē　diànhuà　fāngbiàn　ma?

Ⓑ 我 现在 正在 开车, 接 电话 不 太 方便。
Wǒ　xiànzài　zhèngzài kāichē,　jiē　diànhuà　bú　tài　fāngbiàn.
지금 제가 운전하고 있어서 전화 받기 불편합니다.

Ⓐ 那 你 到 公司 以后 给 我 打 个 电话 好 吗？
Nà　nǐ　dào　gōngsī　yǐhòu　gěi　wǒ　dǎ　ge　diànhuà hǎo ma?
그럼 회사에 도착한 다음 저에게 전화해 주실래요?

Ⓑ 好 的。　　　　　　　　　네.
Hǎo　de.

회화 연습

上 飞机, 韩国
shàng　fēijī , Hánguó

开会, 家
kāihuì, jiā

A : 你 又 换 彩铃 了?
Nǐ yòu huàn cǎilíng le?

B : 怎么 了? 不 好听 吗?
Zěnme le? Bù hǎotīng ma?

A : 不 是, 挺 好听 的, 不过 你 的 彩铃 换 得 太 勤 了。
Bú shì, tǐng hǎotīng de, búguò nǐ de cǎilíng huàn de tài qín le.

B : 我 是 为了 让 大家 欣赏 最新 音乐。
Wǒ shì wèile ràng dàjiā xīnshǎng zuìxīn yīnyuè.

A : 有的 音乐 太 吵 了。
Yǒude yīnyuè tài chǎo le.

B : 那 是 Rock, 这 你 就 外行 了。
Nà shì Rock, zhè nǐ jiù wàiháng le.

A : 我 本来 就 对 音乐 不 感兴趣。
Wǒ běnlái jiù duì yīnyuè bù gǎnxìngqù.

B : 那 你 对 什么 感兴趣?
Nà nǐ duì shénme gǎnxìngqù?

A : 我 对 网球 感兴趣。
Wǒ duì wǎngqiú gǎnxìngqù.

B : 你 什么 时候 开始 打 上 网球 了?
Nǐ shénme shíhou kāishǐ dǎ shang wǎngqiú le?

A : 刚 学 没 多长 时间, 不过 挺 有 意思 的。
Gāng xué méi duōcháng shíjiān, búguò tǐng yǒu yìsi de.

B : 等 你 学 好 了 跟 我 较量 较量。
Děng nǐ xué hǎo le gēn wǒ jiàoliang jiàoliang.

A : 好 啊。
Hǎo a.

실전 회화 ❷

A : 哎, 慢 点儿 开, 前边 好像 有 电子 警察。
Āi, màn diǎnr kāi, qiánbiān hǎoxiàng yǒu diànzǐ jǐngchá.

B : 知道 了, 你 帮 我 看 一 看 地图。
Zhīdao le, nǐ bāng wǒ kàn yí kàn dìtú.

A : 我 不 会 看 地图。我 安 了 一 个 卫星 导航器 可 方便 了。
Wǒ bú huì kàn dìtú. Wǒ ān le yí ge wèixīng dǎohángqì kě fāngbiàn le.

B : 卫星 导航器? 那 是 什么 东西?
Wèixīng dǎohángqì? Nà shì shénme dōngxi?

A : 它 可以 帮 你 引路。
Tā kěyǐ bāng nǐ yǐnlù.

B : 怎么 引路 啊?
Zěnme yǐnlù a?

A : 只要 你 点 一下 出发 地点 和 目的地, 它 就 会 详细 告诉
Zhǐyào nǐ diǎn yíxià chūfā dìdiǎn hé mùdìdì, tā jiù huì xiángxì gàosu

你 怎么 走。
nǐ zěnme zǒu.

B : 是 吗? 哎, 你 快 帮 我 看 一 看 路标。
Shì ma? Āi, nǐ kuài bāng wǒ kàn yí kàn lùbiāo.

A : 好 的。我们 得 从 哪 个 出口 出去?
Hǎo de. Wǒmen děi cóng nǎ ge chūkǒu chūqu?

B : 我们 得 从 共和 立交 虹桥 机场 方向 出去。
Wǒmen děi cóng gònghé lìjiāo Hóngqiáo jīchǎng fāngxiàng chūqu.

A : 下 一 个 出口 就 是。
Xià yí ge chūkǒu jiù shì.

B : 你 可 别 看错 了。
Nǐ kě bié kàn cuò le.

A : 没错, 你 就 按 我 说 的 走 吧。
Méicuò, nǐ jiù àn wǒ shuō de zǒu ba.

번역하기

　　到了学校之后才发现忘了带手机，虽然没有什么急事儿，但我总觉得心里有点儿不安。要是我妈看见我和我男朋友的聊天儿记录怎么办啊？昨天晚上都忘了删了，而且我还在手机里说我妈怎么那么凶，还说准备周五下午逃课和他出去玩儿呢，我一直骗我妈说我没有男朋友，这下全部都露馅儿了，今天回家我死定了。没想到回到家以后，我发现手机还在枕头下面，我就问妈妈有没有看到我的手机。她说："没看到啊。怎么？你的手机不见了吗?"我只好装傻："嗯，刚才还在，找不到了。"哎，看来以后还一定要加强保密工作。

问：

1. 在你的手机里有没有你的家人不知道的秘密？
2. 你有没有把手机落在家里或者别的地方的时候，请你叙述一下那时的情景。

번역하기 단어

之后 zhīhòu • …후	骗 piàn • 속이다
才 cái • 1. 이제서야 2. 겨우 3. 비로소	这下 zhèxià • 이번에
带 dài • 휴대하다. 지니다	全部 quánbù • 전부(의)
虽然 suīrán • 비록 …일지라도	露馅儿 lòuxiànr • 탄로 나다
急事儿 jíshìr • 급한 일	死定了 sǐ dìng le • (위협할 때) 죽었어
总 zǒng • 내내. 줄곧	没想到 méi xiǎng dào • 생각하지 못했다. 상상도 못했다.
不安 bùān • 불안하다	
聊天儿 liáotiānr • 잡담하다	枕头 zhěntou • 베개
记录 jìlù • 기록	装傻 zhuāngshǎ • 멍청한 척하다
删 shān • 삭제하다	加强 jiāqiáng • 강화하다
而且 érqiě • 게다가	保密 bǎomì • 비밀을 지키다
凶 xiōng • 사납다	秘密 mìmì • 비밀
准备 zhǔnbèi • …할 작정이다	或者 huòzhě • 혹은
逃课 táokè • 무단결석(하다)	叙述 xùshù • 서술하다
一直 yìzhí • 줄곧	情景 qíngjǐng • 상황

1 "让"의 용법

(1) **긍정형** : '让'은 '…로 하여금 …하게 하다'라는 뜻을 나타낸다.

> **주어 + 让 + 사람 + 동사 + 목적어**

让大家休息一下吧。 모두들 쉬도록 하세요.
我妈让我去奶奶家。 우리 엄마가 나에게 할머님 댁에 가라고 하셨다.

(2) **부정형** : '让'의 부정형은 '不让'이다.

我爱人不让我喝酒。 저의 아내는 저더러 술을 마시지 못하게 합니다.
在办公室里不让抽烟。 사무실에서는 담배를 피우지 못하게 합니다.

2 "对……感兴趣"의 용법

(1) **긍정형** : '对……感兴趣'는 '…에 관심(흥미)이 있다'라는 뜻을 나타냄.

我对你们公司的新产品很感兴趣。
저는 당신 회사의 신제품에 대하여 관심이 있습니다.

(2) **부정형** : '对……不感兴趣'

我对运动不感兴趣。 저는 운동에 대하여 관심이 없습니다.

3 "只要……就"의 용법

'只要……就'는 '…하면 …하다'라는 뜻으로 앞절은 조건을 나타내고, 뒷절은 결과를 나타낸다.

只要努力学习，就一定会有好的结果。
열심히 공부하면 반드시 좋은 결과가 있을 겁니다.

只要你打个电话，他们就会给你送到家。
전화 한 통만 하면 집까지 배달해 드립니다.

ānjìng
安静
조용하다

jìmò
寂寞
적적하다

kāixīn
开心
즐겁다

yángé
严格
엄격하다

jǐnshèn
谨慎
신중하다

xìxīn
细心
세심하다

gāoyǎ
高雅
고상하다

yōuxián
悠闲
한가하다

xiāosǎ
潇洒
스마트하다

어휘 플러스

❶ 大家 : _____대자연, _____대학, _____대형, _____대작
dàjiā

▶▶▶
ⓐ 大作
dàzuò
ⓑ 大自然
dàzìrán
ⓒ 大学
dàxué
ⓓ 大型
dàxíng

❷ 万一 : _____만능이다, _____만리장성, _____만세, _____만년
wànyī

▶▶▶
ⓐ 万里 长城
wànlǐ chángchéng
ⓑ 万能
wànnéng
ⓒ 万年
wànnián
ⓓ 万岁
wànsuì

❸ 音乐 : _____음량, _____음향, _____음절, _____스피커
yīnyuè

▶▶▶
ⓐ 音节
yīnjié
ⓑ 音量
yīnliàng
ⓒ 音响
yīnxiǎng
ⓓ 音箱
yīnxiāng

❹ 记录 : _____기자, _____기억력, _____기호, _____기재하다
jìlù

▶▶▶
ⓐ 记号
jìhào
ⓑ 记者
jìzhě
ⓒ 记载
jìzǎi
ⓓ 记性
jìxing

❺ 较量 : _____분량, _____중량, _____질량, _____역량. 힘
jiàoliang

▶▶▶
ⓐ 重量
zhòngliàng
ⓑ 质量
zhìliàng
ⓒ 分量
fènliang
ⓓ 力量
lìliang

보기	详细, 吵, 为了, 外行, 感兴趣, 按, 没多长时间 安, 刚, 欣赏, 好听

01. 我新换了一个彩铃，你听听好不_____。

02. 这里太_____了，我们到别的地方去吧。

03. 这个周末我们去雪岳山(Xuěyuèshān, 설악산)_____雪景吧。

04. _____孩子上学的问题，我从安山搬到了首尔。

05. 我不太懂音乐，可以说是个_____。

06. 我对运动不_____，你呢？

07. 我学汉语_____，所以说得不太好。

08. 我_____到中国的时候很不习惯，现在好多了。

09. 我买了台新电脑，你能不能帮我_____一下？

10. 你能不能_____说明一下？

11. _____我说的做，没错。

문형 연습

你什么时候开始开上车了？

"学上日语"

你的衣服换得太勤了。

"手机"

你就按我说的做吧。

"写"

13 我已经等了你半个小时了。
너를 벌써 반 시간 동안이나 기다렸어.

기본 회화 단어

☐ 了 le • 조 명사·형용사 혹은 문말에 쓰여 변화를 나타냄

☐ 两年了 liǎng nián le • 2년이 되었다

☐ 习惯 xíguàn • 명 동 습관(이 되다). 적응하다

☐ 刚开始的时候 gāng kāishǐ de shíhou • 처음에는

☐ 好多了 hǎo duō le • 많이 좋아졌다

☐ 参加工作 cānjiā gōngzuò • 입사하다

☐ 退休 tuìxiū • 동 퇴직하다

실전 회화 단어 ①

☐ 加油 jiāyóu • 동 1. 주유하다 2. 응원하다

☐ 耽误 dānwu • 동 1. 일을 그르치다 2. 시간을 허비하다

☐ 半个小时 bàn ge xiǎoshí • 30분

☐ 约好了 yuē hǎo le • 약속을 해놓았다

☐ 见面 jiànmiàn • 동 만나다

☐ 表 biǎo • 명 시계

☐ 慢 màn • 형 느리다

☐ 不会吧 bú huì ba • 그렇지는 않을 것이다

☐ 对 duì • 동 (시계를) 맞추다

☐ 电池 diànchí • 명 건전지

☐ 换电池 huàn diànchí • 건전지를 바꾸다

☐ 有可能 yǒu kěnéng • 그럴 수도 있다

☐ 记得 jìde • 동 기억하고 있다

☐ 肯定 kěndìng • 부 반드시

☐ 毛病 máobing • 명 1. 고장. 2. 나쁜 버릇

실전 회화 단어 ②

☐ 路 lù • 양 (버스 노선) 번

☐ 38路车 sānshíbā lù chē • 38번 버스

☐ 末班车 mòbānchē • 명 막차

☐ 零 líng • 수 영. 공(숫자 속에 빈자리를 뜻함)

☐ 要不 yàobù • 접 그렇지 않으면

☐ 看样子 kànyàngzi • 보아하니 …듯하다

☐ 来得及 lái de jí • 늦지 않다

☐ 2号线 èr hào xiàn • 2호선

☐ 附近 fùjìn • 명 근처

☐ 倒 dǎo • 동 갈아타다

A 你 来 韩国 几 年 了?
Nǐ lái Hánguó jǐ nián le?

한국에 오신지 몇 년 되었습니까?

B 两 年 了。
Liǎng nián le.

2년 되었습니다.

A 怎么样? 还 习惯 吧?
Zěnmeyàng? Hái xíguàn ba?

어떠세요? 적응이 되셨습니까?

B 刚 开始 的 时候 不 太 习惯, 现在 好 多 了。
Gāng kāishǐ de shíhou bú tài xíguàn, xiànzài hǎo duō le.

처음에는 적응이 안 되었는데요, 지금은 많이 좋아졌습니다.

회화 연습

参加 工作
cānjiā gōngzuò

退休
tuìxiū

A : 你 怎么 现在 才 来 啊?
Nǐ zěnme xiànzài cái lái a?

B : 真 不好意思, 我 去 加油 耽误 了 几 分钟。
Zhēn bùhǎoyìsi, wǒ qù jiāyóu dānwu le jǐ fēnzhōng.

A : 什么 几 分钟? 我 已经 等 了 你 半 个 小时 了。
Shénme jǐ fēnzhōng? Wǒ yǐjīng děng le nǐ bàn ge xiǎoshí le.

B : 有 那么 长 时间 吗?
Yǒu nàme cháng shíjiān ma?

A : 我们 约 好 了 八 点 见面, 现在 已经 八 点 半 了。
Wǒmen yuē hǎo le bā diǎn jiànmiàn, xiànzài yǐjīng bā diǎn bàn le.

B : 不 对 呀, 我 的 表 才 八 点 十 分 啊。
Bú duì ya, wǒ de biǎo cái bā diǎn shí fēn a.

A : 你 的 表 是 不 是 慢 啊?
Nǐ de biǎo shì bu shì màn a?

B : 不 会 吧, 我 昨天 才 对 的 表。
Bú huì ba, wǒ zuótiān cái duì de biǎo.

A : 会 不 会 是 没 有 电池 了?
Huì bu huì shì méi yǒu diànchí le?

B : 有 可能。
Yǒu kěnéng.

A : 你 是 什么 时候 换 的 电池?
Nǐ shì shénme shíhou huàn de diànchí?

B : 我 记得 是 去年。
Wǒ jìde shì qùnián.

A : 那 肯定 是 电池 的 毛病。
Nà kěndìng shì diànchí de máobing.

실전 회화 ❷

A : 你 知道 38 路 公共 汽车 的 末班车 是 几 点 吗?
Nǐ zhīdao sānshíbā lù gōnggòng qìchē de mòbānchē shì jǐ diǎn ma?

B : 不 知道。要不 我们 坐 地铁 吧。
Bù zhīdào. Yàobù wǒmen zuò dìtiě ba.

A : 现在 几 点 了?
Xiànzài jǐ diǎn le?

B : 十一 点 零 五 分。
Shíyī diǎn líng wǔ fēn.

A : 我们 已经 等 了 半 个 多 小时 的 车 了, 看样子 汽车 是
Wǒmen yǐjīng děng le bàn ge duō xiǎoshí de chē le, kànyàngzi qìchē shì

不 会 来 了。
bú huì lái le.

B : 我们 现在 去 坐 地铁 还 来得及。
Wǒmen xiànzài qù zuò dìtiě hái láidejí.

A : 好 吧, 那 我们 就 去 坐 地铁 吧。
Hǎo ba, nà wǒmen jiù qù zuò dìtiě ba.

B : 我 坐 2 号 线, 你 呢?
Wǒ zuò èr hào xiàn, nǐ ne?

A : 我 得 坐 3 号 线。
Wǒ děi zuò sān hào xiàn.

B : 这 附近 好像 没 有 3 号 线。
Zhè fùjìn hǎoxiàng méi yǒu sān hào xiàn.

A : 那 我 先 跟 你 坐 2 号 线, 然后 再 倒 3 号 线。
Nà wǒ xiān gēn nǐ zuò èr hào xiàn, ránhòu zài dǎo sān hào xiàn.

B : 哎, 38 路 公共 汽车 来 了。
Āi, sānshíbā lù gōnggòng qìchē lái le.

A : 是 吗? 太 好 了。
Shì ma? tài hǎo le.

韩国人初次见面的时候，最喜欢问的三个问题是："你结婚了吗?"，"你多大了?"，"你老家是哪儿?" 可是中国人初次见面的时候，一般不问这样的问题，他们一般会问你："你做什么工作?"，"一个月的收入是多少?"，"有没有房子? 大不大?" 那你知道西方人初次见面的时候，喜欢问什么样的问题吗? 他们一般不会问你的年龄和结婚与否，他们会问你："最近过得怎么样?"，"最近有什么开心事吗?"，"今年打算去哪儿度假啊?"

	你第一次跟别人见面的时候，一般问什么样的问题?
1	
2	
3	

프리토킹 단어

初次 chūcì • 처음

见面的时候 jiànmiàn de shíhou • 만날 때

这样的问题 zhèyàng de wèntí • 이러한 문제

一般 yìbān • 일반적이다

收入 shōurù • 수입

房子 fángzi • 집(건물)

西方人 xīfāngrén • 서양인

年龄 niánlíng • 연령

与否 yǔfǒu • 여부

最近 zuìjìn • 최근

过 guò • 지내다

开心事 kāixīnshì • 즐거운 일

今年 jīnnián • 올해

度假 dùjià • 휴가를 보내다

跟…见面 gēn…jiànmiàn • …와 만나다

수량보어

정의 : 동사나 형용사 뒤에서 동작이 지속된 시간·동작이 진행된 횟수·사물의 넓이·길이·높이 등의 수량을 나타내는 보어를 수량보어라고 한다.

⑴ 동작의 지속된 시간을 나타내는 경우 시량보어라고도 한다.

> 주어＋(동사＋목적어)＋동사＋了＋동작이 지속된 시간＋的＋목적어(사물)

我学了三年汉语。　나는 중국어를 3년 동안 배웠다.
昨天我看了两个小时的电视。　어제 나는 텔레비전을 두 시간 동안 보았다.

> 주어 ＋ 동사 ＋ 了 ＋ 목적어(인칭명사) ＋ 동작이 지속된 시간

我等了你半个多小时。　내가 너를 30분이나 기다렸다.

참고 : 목적어가 인칭명사이면 지속된 시간을 문장의 끝에 놓아야 한다.

⑵ 사물의 넓이·길이·높이 등을 나타내는 경우 흔히 명량보어라고도 한다.

> 주어 ＋ 형용사 ＋ 수량사

这张桌子长一米。　이 테이블은 길이가 1미터이다.
汉江宽1500米。　한강의 넓이는 1500미터이다.

⑶ 동작이 진행된 횟수를 나타내는 경우 동량보어라고도 한다.

① 동량보어를 동반하는 동사 뒤에 목적어가 있을 때, 그 목적어가 명사이면 동량보어 뒤에 놓아야 한다.

明天我想去一趟书店。　내일 나는 서점에 한번 다녀오려고 한다.

② 그런데 동사 뒤에 오는 목적어가 인칭대명사 혹 인칭명사이면, 동량보어 앞에 놓아야 한다.

爸爸打了我三次。　아빠는 나를 세 번 때렸다.
老师叫了我两次，我都没听见。
선생님이 나를 두 번 불렀는데, 나는 모두 듣지 못했다.

(dǎ)kāi dēng
(打)开 灯
등을 켜다

guān(shang) diànshì
关(上) 电视
텔레비전을 끄다

dǎ(kāi) chuānghu
(打)开 窗户
창문을 열다

suǒ mén
锁 门
문을 잠그다

pèi yàoshi
配 钥匙
열쇠를 맞추다

yòng xīchénqì xī
用 吸尘器 吸
청소기를 돌리다

rè yíxià niúnǎi
热 一下 牛奶
우유를 데우다

liàng yīfu
晾 衣服
옷을 널다

àn ménlíng
按 门铃
초인종을 누르다

어휘 플러스

❶ 退休 : _____ 퇴직 연금, _____ 퇴색하다, _____ 퇴보하다, _____ 퇴학하다
　　tuìxiū

▶▶▶
| ⓐ 退步 | ⓑ 退色 | ⓒ 退学 | ⓓ 退休金 |
| tuìbù | tuìsè | tuìxué | tuìxiūjīn |

❷ 收入 : _____ 수록하다, _____ 수양하다, _____ 수지, _____ 수용하다
　　shōurù

▶▶▶
| ⓐ 收支 | ⓑ 收录 | ⓒ 收容 | ⓓ 收养 |
| shōuzhī | shōulù | shōuróng | shōuyǎng |

❸ 加油 : _____ 가속하다, _____ 가공하다, _____ 가입하다, _____ 가열하다
　　jiāyóu

▶▶▶
| ⓐ 加工 | ⓑ 加速 | ⓒ 加热 | ⓓ 加入 |
| jiāgōng | jiāsù | jiārè | jiārù |

❹ 电池 : _____ 양어장, _____ 수영장, _____ 못, _____ 대중 목욕탕
　　diànchí

▶▶▶
| ⓐ 游泳池 | ⓑ 水池 | ⓒ 养鱼池 | ⓓ 浴池 |
| yóuyǒngchí | shuǐchí | yǎngyúchí | yùchí |

❺ 见面 : _____ 견해, _____ 식견, _____ 견문, _____ 견습하다
　　jiànmiàn

▶▶▶
| ⓐ 见识 | ⓑ 见解 | ⓒ 见习 | ⓓ 见闻 |
| jiànshi | jiànjiě | jiànxí | jiànwén |

她等车等了半个小时。

"地铁"

他学德语学了两年了。

"汉语"

他等了她二十多分钟。

"他女朋友"

보기	耽误， 电池， 毛病， 约好了， 末班车， 附近， 路 要不， 有可能， 加油， 号

01. 汽车好像没油了，得去加油站＿＿＿＿＿＿＿＿。

02. 出去玩儿当然可以，但是不能＿＿＿＿＿＿＿学习。

03. 我跟朋友＿＿＿＿＿＿＿下午两点在电影院门口见面。

04. 这个表怎么不走了？是不是该换＿＿＿＿＿＿＿了？

05. 我这个人啊，没什么大的＿＿＿＿＿＿＿，就是爱喝酒。

06. 他＿＿＿＿＿＿＿不知道这件事。

07. 现在11点多一点儿，也许还来得及坐＿＿＿＿＿＿＿。

08. 现在去可能会堵车，＿＿＿＿＿＿＿我们明天再去吧。

09. ＿＿＿＿＿＿＿有没有大型超市？

10. 每天上下班的时候，你坐几＿＿＿＿＿＿＿公共汽车？

11. 我家离2＿＿＿＿＿＿＿地铁站很近，走路大概5分钟。

①

A：他学了多长时间的汉语?

B：＿＿＿＿＿＿＿＿＿。

②

A：＿＿＿＿＿＿＿＿＿?

B：他看了两个小时的书。

③

A：他去过几次中国?

B：＿＿＿＿＿＿＿＿＿。

④

A：＿＿＿＿＿＿＿＿＿?

B：我给你打过两次电话。

⑤

A：他等了她多长时间?

B：＿＿＿＿＿＿＿＿＿。

⑥

A：＿＿＿＿＿＿＿＿＿?

B：我已经等了半个小时的车了。

车怎么还不来啊?

차가 왜 아직도 안 오지?

:: 기본 회화 단어

- □ 会…的 huì…de • …할 것이다
- □ 新娘子 xīnniángzi • 명 신부

:: 실전 회화 단어 ①

- □ 点 diǎn • 동 주문하다
- □ 上 shàng • 동 요리를 내놓다
- □ 齐 qí • 동 완비되다. 갖추어지다
- □ 来 lái • 동 (식당에서) …을 주세요
- □ 菜单 càidān • 명 메뉴판
- □ 拿手菜 náshǒucài • 가장 잘하는 요리
- □ 香辣肉丝 xiānglà ròusī • 돼지고기 볶음
- □ 清炒虾仁儿 qīngchǎo xiārénr • 새우 볶음
- □ 辣 là • 형 맵다
- □ 吃不了 chī bu liǎo • 먹을 수 없다
- □ 炸 zhá • 동 기름에 튀기다
- □ 鸡翅 jīchì • 명 닭 날개
- □ 另外 lìngwài • 부 그밖에
- □ 西瓜汁儿 xīguāzhīr • 명 수박 주스
- □ 稍等 shāo děng • 잠깐만 기다리세요

:: 실전 회화 단어 ②

- □ 补药 bǔyào • 명 보약
- □ 红参 hóngshēn • 명 홍삼
- □ 丈母娘 zhàngmuniáng • 명 장모

- □ 疼 téng • 동 1. 몹시 아끼다 2. 아프다
- □ 福气 fúqi • 명 복. 행운
- □ 虚 xū • 형 허약하다
- □ 而且 érqiě • 접 게다가
- □ 食欲 shíyù • 명 식욕
- □ 有用 yǒuyòng • 동 유용하다
- □ 送 sòng • 동 주다. 선물하다
- □ 冬虫夏草 dōngchóng xiàcǎo • 명 동충하초
- □ 懒得 lǎnde • 동 …하는 것이 귀찮다
- □ 棒 bàng • 형 훌륭하다
- □ 不…也罢 bù…yě bà • …하지 않아도 된다
- □ 比不上 bǐ bu shàng • 비교할 수 없다
- □ 往年 wǎngnián • 명 왕년
- □ 脚脖子 jiǎo bózi • 명 발목
- □ 疼得要命 téng de yàomìng • 아파서 죽을 지경이다
- □ 这么大把年纪 zhème dà bǎ niánjì • 연세가 이렇게 많은데
- □ 小舅子 xiǎojiùzi • 명 손아래 처남
- □ 拉 lā • 동 끌다
- □ 非…不可 fēi…bù kě • …하지 않으면 안 된다. 꼭 …(해야) 한다
- □ 最后 zuìhòu • 명 최종. 마지막
- □ 刺激 cìji • 형 스릴이 있다
- □ 虽然 suīrán • 접 비록 …일지라도
- □ 害怕 hàipà • 동 두려워하다. 무서워하다

기본 회화

A 车 怎么 还 不 来 啊?
Chē zěnme hái bu lái a?

차가 왜 아직도 안 오지?

B 马上 就 会 来 的。
Mǎshàng jiù huì lái de.

곧 올거야.

A 已经 等 了 二十 分钟 了。
Yǐjīng děng le èrshí fēnzhōng le.

벌써 20분이나 기다렸는데.

B 再 等 一会儿 吧。
Zài děng yíhuìr ba.

좀 더 기다려보자.

회화 연습

新娘子
xīnniángzi

爸爸
bàba

A : 小姐, 我们 点 的 菜 都 上 齐 了 吗?
Xiǎojie, wǒmen diǎn de cài dōu shàng qí le ma?

B : 对, 都 上 齐 了。
Duì, dōu shàng qí le.

A : 还 得 来 两 个 菜, 小姐, 请 给 我 菜单。
Hái děi lái liǎng ge cài, xiǎojie, qǐng gěi wǒ càidān.

B : 先生, 菜单 在 这儿。
Xiānsheng, càidān zài zhèr.

A : 你们 这儿 的 拿手菜 是 什么?
Nǐmen zhèr de náshǒucài shì shénme?

B : 香辣 肉丝 和 清炒 虾仁儿。
Xiānglà ròusī hé qīngchǎo xiārénr.

A : 香辣 肉丝 辣 不 辣?
Xiānglà ròusī là bu là?

B : 挺 辣 的。
Tǐng là de.

A : 那 不 行, 孩子们 吃 不 了 辣 的。
Nà bù xíng, háizimen chī bu liǎo là de.

B : 炸鸡翅 怎么样? 小孩子 挺 喜欢 吃 的。
Zhájīchì zěnmeyàng? Xiǎoháizi tǐng xǐhuan chī de.

A : 那 就 来 一 盘 炸鸡翅 和 清炒 虾仁儿, 另外 再 给 孩子们
Nà jiù lái yì pán zhájīchì hé qīngchǎo xiārénr, lìngwài zài gěi háizimen

上 点儿 饮料。
shàng diǎnr yǐnliào.

B : 给 孩子 来 点儿 西瓜汁儿 怎么样?
Gěi háizimen lái diǎnr xīguāzhīr zěnmeyàng?

A : 好 吧, 那 就 来 点儿 西瓜汁儿 吧。
Hǎo ba, nà jiù lái diǎnr xīguāzhīr ba.

B : 好 的, 请 稍 等。
Hǎo de, qǐng shāo děng.

실전 회화 ❷

A : 科长, 你 又 吃 什么 补药 呢?
Kēzhǎng, nǐ yòu chī shénme bǔyào ne?

B : 红参, 是 我 丈母娘 给 我 买 的。
Hóngshēn, shì wǒ zhàngmuniáng gěi wǒ mǎi de.

A : 你 真 有 福气!
Nǐ zhēn yǒu fúqi!

B : 最近 我 身体 有点儿 虚, 而且 还 没 有 食欲。
Zuìjìn wǒ shēntǐ yǒudiǎnr xū, érqiě hái méi yǒu shíyù.

A : 你 觉得 吃 补药 有用 吗?
Nǐ juéde chī bǔyào yǒuyòng ma?

B : 当然 有用 了, 我 每年 春天 都 吃 一 次。
Dāngrán yǒuyòng le, wǒ měinián chūntiān dōu chī yí cì.

A : 有人 给 我 送 了 冬虫 夏草, 可 我 懒得 吃。
Yǒurén gěi wǒ sòng le dōngchóng xiàcǎo, kě wǒ lǎnde chī.

B : 你 的 身体 那么 棒, 不 吃 也 罢。
Nǐ de shēntǐ nàme bàng, bù chī yě bà.

A : 我 的 身体 也 比不上 往年 了, 昨天 滑 了 三 个 小时 的 雪,
Wǒ de shēntǐ yě bǐbushàng wǎngnián le, zuótiān huá le sān ge xiǎoshí de xuě,

今天 脚 脖子 疼 得 要命。
jīntiān jiǎo bózi téng de yàomìng.

B : 你 这么 大 把 年纪 了, 还 去 滑雪 呀?
Nǐ zhème dà bǎ niánjì le, hái qù huáxuě ya?

A : 我 本来 不 想 去, 可是 我 小舅子 非 拉 我 去 不可。
Wǒ běnlái bù xiǎng qù, kěshì wǒ xiǎojiùzi fēi lā wǒ qù bùkě.

B : 我 记得 我 最后 一 次 去 滑雪 大概 是 在 十 年 前。
Wǒ jìde wǒ zuìhòu yí cì qù huáxuě dàgài shì zài shí nián qián.

A : 滑雪 虽然 有点儿 害怕, 但是 挺 刺激、挺 有意思 的。
Huáxuě suīrán yǒudiǎnr hàipà, dànshì tǐng cìjī, tǐng yǒuyìsi de.

有趣的双关语

		원래의 뜻	파생적 의미
1	气管炎 qìguǎnyán	기관지염	**妻管严** qìguǎnyán 공처가
2	研究生 yánjiūshēng	연구생	**烟酒生** yānjiǔshēng 공부는 하지 않고 술·담배만 하는 학생
3	红包 hóngbāo	빨간 보따리	1) 경사를 치르는 집에서 요리사·고용인에게 주거나 연말에 가게 주인이 점원에게 주는 돈. (붉은 천이나 종이에 싸서 주었기 때문에 이렇게 부름) 2) 명절 때 아이들에게 주는 돈. 3) (특별) 상여금. 보너스.
4	红眼病 hóngyǎnbìng	결막염	남이 출세하거나 유명해지는 것 또는 이익을 보거나 부유해지는 것을 부러워하고 시샘하는 (병적인) 심리(마음).
5	吃 错 药 了 chī cuò yào le	약을 잘못 먹었다	뭐 잘못 먹었어?
6	戴 绿 帽子 dài lù màozi	녹색 모자를 쓰다	오쟁이를 지다. 아내가 다른 남자와 놀아나다.
7	戴 高帽 dài gāomào	높은 모자를 쓰다	비행기를 태우다. 부추기다. 추켜세우다
8	穿 小鞋 chuān xiǎoxié	작은 신발을 신다	따끔한 맛을 보게 하다. 괴롭히다.
9	粉丝 fěnsī	녹말로 만든 당면	(연예인·운동선수 등의) 팬
10	电灯泡 diàndēngpào	전구	(아무리 타일러도) 알아듣지 못하는 사람. 도리를 분별 못하는 사람. 벽창호
11	放屁 fàngpì	방귀를 뀌다	(욕설) 근거가 없거나 불합리한 말을 하다. 헛소리 하다
12	炒鱿鱼 chǎo yóuyú	오징어를 볶다	해고하다
13	走 后门 zǒu hòumén	뒷문으로 나가다	뒷거래를 하다. 거래하다. 연줄 따위로 입학하거나 취직하다

1 "来"의 용법

'来'는 '오다'라는 뜻으로 가장 많이 쓰이고, 식당·커피숍·기내에서 '…을 주세요'라는 뜻도 있고, 어떤 일을 하려고 하는 적극성을 나타내기도 하고, '어떤 동작·행동을 하다'라는 뜻도 있다.

他已经来了。 그는 이미 왔다.

先来一瓶啤酒。 먼저 맥주 한 병 주세요.

我来介绍一下。 제가 소개 좀 할게요.

我来。 제가 할게요.

2 "非……不可"

'非……不可'는 '…하지 않으면 안 된다. 반드시 해야 한다'라는 뜻을 나타낸다. '非' 뒤에는 대체적으로 동사나 동사구가 온다.

非 + 동사(동사구) + 不可

非说不可。 반드시 말해야 한다.

他非要去不可。 그는 꼭 가려고 한다.

3 "虽然……但(是)……"의 용법

'虽然……但(是)……'는 '비록 …이지만'이라는 뜻으로 양보를 나타낸다. '虽然'은 주어 앞이나 뒤에 모두 올 수 있지만 '但是'는 뒷절의 앞에 와야 한다.

虽然是夏天, 但是山洞里非常凉快。
비록 여름이지만 동굴 안에는 아주 시원하다.

这孩子虽然年龄不大, 但是很懂事。
이 애는 나이는 어리지만, 철이 많이 들었다.

그림으로 배우는 중국어

jiǎn qiánbāo
捡 钱包
지갑을 줍다

diàotóu
掉头
유턴하다

jiāmǎn
加满
가득 채워주세요

jiǎn shǒuzhǐjia
剪 手指甲
손톱을 깎다

ànmó
按摩
안마하다

pēn xiāngshuǐr
喷 香水儿
향수를 뿌리다

어휘 플러스

❶ 点菜 : _____ 점화하다, _____ 출석을 부르다, _____ 점등하다, _____ 노래를 신청하다
diǎncài

▶▶▶
- ⓐ 点歌 diǎngē
- ⓑ 点名 diǎnmíng
- ⓒ 点火 diǎnhuǒ
- ⓓ 点灯 diǎndēng

❷ 菜单 : _____ 인보이스, _____ 전단, _____ 명단, _____ 노래책
càidān

▶▶▶
- ⓐ 名单 míngdān
- ⓑ 货单 huòdān
- ⓒ 传单 chuándān
- ⓓ 点歌单 diǎngēdān

❸ 拿手 : _____ 왼손, _____ 빈손, _____ 악수하다, _____ 선수
náshǒu

▶▶▶
- ⓐ 空手 kōngshǒu
- ⓑ 左手 zuǒshǒu
- ⓒ 选手 xuǎnshǒu
- ⓓ 握手 wòshǒu

❹ 鸡翅 : _____ 닭발, _____ 계란, _____ 칵테일, _____ 닭고기
jīchì

▶▶▶
- ⓐ 鸡蛋 jīdàn
- ⓑ 鸡爪 jīzhuǎ
- ⓒ 鸡尾酒 jīwěijiǔ
- ⓓ 鸡肉 jīròu

❺ 香水儿 : _____ 소시지, _____ 샴페인, _____ 참기름, _____ 향기
xiāngshuǐr

▶▶▶
- ⓐ 香气 xiāngqì
- ⓑ 香油 xiāngyóu
- ⓒ 香槟酒 xiāngbīnjiǔ
- ⓓ 香肠儿 xiāngchángr

문형 연습

太多了，我一个人吃不了。

"喝"

我的身体比不上往年了。

"记忆力(jìyìlì, 기억력)"

我本来不想喝，可是我们科长非让我喝不可。

"去"

15 你换车了?

차 바꿨어?

:: 기본 회화 단어

- 动词 + 不起 …bù qǐ • 경제적인 요인 때문에 …을 할 수 없음을 나타냄
- 买不起 mǎi bu qǐ • (돈이 없어) 살 수 없다
- 舍不得 shě bu de • (돈·옷 등 귀중히 여기는 물건을 쓰기) 아까워하다. 아끼다
- 电脑 diànnǎo • 몡 컴퓨터
- 台 tái • 양 대

:: 실전 회화 단어 ①

- 功能 gōngnéng • 몡 기능
- 特 tè • 뷔 특히
- 用来 yònglái • 동 …에 쓰(이)다
- 发 fā • 동 (팩스·메일·메시지 등을) 보내다
- 短信 duǎnxìn • 몡 메시지
- 强 qiáng • 혱 우월하다. 좋다
- 考 kǎo • 몡 동 시험(치다)
- 连…都… lián…dōu… • 졉 …마저도
- 用处 yòngchu • 몡 용도
- 听音乐 tīng yīnyuè • 음악을 듣다
- 照相 zhàoxiàng • 동 사진을 찍다
- 游戏 yóuxì • 몡 게임
- 啦 la • 조 열거를 나타냄
- 整天 zhěngtiān • 몡 온종일

- 哎 āi • 깸 아이. 아이고 (의외·의아·불만 따위의 기분을 나타냄)
- 像 xiàng • 동 …와 같다
- 社会 shèhuì • 몡 사회
- 诱惑 yòuhuò • 동 유혹하다
- 专心 zhuānxīn • 동 전념하다
- 看着 kānzhe • 지켜보다. 감시하다
- 硬逼 yìngbī • 동 강요하다
- 靠 kào • 동 …에 달려있다
- 自觉 zìjué • 동 자각하다. 스스로 느끼다
- 听其自然 tīng qí zì rán • 셩 자연에 맡기다. 되어가는 대로 내버려두다

:: 실전 회화 단어 ②

- 开饭 kāifàn • 동 (공공 식당에서) 배식을 시작하다
- 这个点儿 zhè ge diǎnr • 이 시간대
- 排队 páiduì • 동 줄을 서다
- 外卖 wàimài • 몡 (식당의) 배달서비스
- 好主意 hǎo zhǔyi • 몡 좋은 생각
- 中餐 zhōngcān • 몡 중국요리
- 西餐 xīcān • 몡 서양요리
- 比萨饼 bǐsàbǐng • 몡 피자
- 意大利面 Yìdàlì miàn • 몡 스파게티
- 送来 sònglai • 동 보내오다

기본 회화

Ⓐ 你 换 车 了?   차 바꿨어?
Nǐ huàn chē le?

Ⓑ 怎么样? 漂亮 吧? 你 也 买 一 辆 吧。
Zěnmeyàng? Piàoliang ba? Nǐ yě mǎi yí liàng ba.
어때? 예쁘지? 너도 한 대 사.

Ⓐ 我 可 买 不 起。   난 돈이 없어 못 사.
Wǒ kě mǎi bu qǐ.

Ⓑ 我 看 你 呀, 不 是 买 不 起, 是 舍不得。
Wǒ kàn nǐ ya, bú shì mǎi bu qǐ, shì shěbude.
내가 볼 땐, 돈이 없어서 못 사는 게 아니라, 아까워서야.

회화 연습

手机, 一 个
shǒujī, yí ge

电脑, 一 台
diànnǎo, yì tái

실전 회화 ❶

A : 我 买 了 一 个 新 手机, 功能 特 多, 都 不 知道 怎么 用。
Wǒ mǎi le yí ge xīn shǒujī, gōngnéng tè duō, dōu bù zhīdào zěnme yòng.

B : 可不是 嘛, 我 的 手机 只 用来 打 电话 和 发 短信。
Kěbúshì ma, wǒ de shǒujī zhǐ yòng lái dǎ diànhuà hé fā duǎnxìn.

A : 你 比 我 强 多 了, 我 连 短信 都 不 会 发。
Nǐ bǐ wǒ qiáng duō le, wǒ lián duǎnxìn dōu bú huì fā.

B : 我 孩子 的 手机 用处 就 多 了。
Wǒ háizi de shǒujī yòngchu jiù duō le.

A : 都 干 什么 呀?
Dōu gàn shénme ya?

B : 上网 啦, 听 音乐 啦, 照相 啦, 玩儿 游戏 啦, 连 吃饭 的
Shàngwǎng la, tīng yīnyuè la, zhàoxiàng la, wánr yóuxì la, lián chīfàn de

时候, 手 里 都 拿 着 手机。
shíhou, shǒu li dōu ná zhe shǒujī.

A : 我 的 孩子 啊, 整天 就 知道 上网, 再 不 学习 恐怕 连
Wǒ de háizi a, zhěngtiān jiù zhīdao shàngwǎng, zài bù xuéxí kǒngpà lián

大学 都 考 不 上。
dàxué dōu kǎo bu shàng.

B : 哎, 现在 不 像 我们 那时候, 社会 上 诱惑 太 多。
Āi, xiànzài bú xiàng wǒmen nàshíhou, shèhuì shang yòuhuò tài duō.

A : 所以 现在 的 孩子 不 能 专心 学习, 这 是 个 大 问题。
Suǒyǐ xiànzài de háizi bù néng zhuānxīn xuéxí, zhè shì ge dà wèntí.

B : 你 又 不 能 整天 看 着 他, 你 说 怎么 办?
Nǐ yòu bù néng zhěngtiān kān zhe tā, nǐ shuō zěnme bàn?

A : 学习 呀, 不 能 硬逼, 得 靠 自觉。
Xuéxí ya, bù néng yìngbī, děi kào zìjué.

B : 是 啊! 哎, 听 其 自 然 吧。
Shì a! āi, tīng qí zì rán ba.

실전 회화 ②

A : 食堂 几 点 开饭?
Shítáng jǐ diǎn kāifàn?

B : 十二 点 开饭。
Shí'èr diǎn kāifàn.

A : 那 我们 先 去 吃饭 吧。
Nà wǒmen xiān qù chīfàn ba.

B : 现在 这 个 点儿 人 太 多, 得 排队 等。
Xiànzài zhè ge diǎnr rén tài duō, děi páiduì děng.

A : 要不 我们 去 外边 的 饭店 吃 吧。
Yàobù wǒmen qù wàibian de fàndiàn chī ba.

B : 去 外边 的 饭店 吃饭 也 要 一 个 多 小时。
Qù wàibian de fàndiàn chīfàn yě yào yí ge duō xiǎoshí.

A : 干脆 叫 外卖 算 了。
Gāncuì jiào wàimài suàn le.

B : 好 主意。 你 想 吃 什么? 中餐 还是 西餐?
Hǎo zhǔyi. Nǐ xiǎng chī shénme? Zhōngcān háishi xīcān?

A : 比萨饼 怎么样?
Bǐsàbǐng zěnmeyàng?

B : 可以, 再 要 一 份儿 意大利 面 吧。
Kěyǐ, zài yào yí fènr Yìdàlì miàn ba.

A : 行, 我 现在 就 打 电话。
Xíng, wǒ xiànzài jiù dǎ diànhuà.

B : 你 让 他们 快点儿 送 来, 我 有点儿 饿 了。
Nǐ ràng tāmen kuàidiǎnr sòng lai, wǒ yǒudiǎnr è le.

A : 知道 了。
Zhīdao le.

有趣儿的各国丈夫形象

中国丈夫的形象：许多外国女性认为，中国丈夫是世界上最好的丈夫，中国男人忠厚、朴实、勤劳而又能干，对女人非常关心体贴。

英国丈夫的形象：英国男人沉默寡言，比较保守。英国男人特别讲究风度和礼节，如果你想得到一个朋友似的丈夫，那么，英国男人不错。

德国丈夫的形象：德国男人能干，凡事讲究实际，视半途而废为最大的耻辱。精明的德国丈夫对太太一往情深，对事业兢兢业业。

번역하기 단어

有趣儿 yǒuqùr · 재미있다

各国 gè guó · 각국

丈夫 zhàngfu · 남편

形象 xíngxiàng · 형상. 이미지

许多 xǔduō · 많은

女性 nǔxìng · 여성

认为 rènwéi · 여기다. 생각하다

男人 nánrén · 남자

忠厚 zhōnghòu · 진실하고 온후하다

朴实 pǔshí · 소박하다. 검소하다

勤劳能干 qínláo nénggàn · 근면하고 유능하다

关心体贴 guānxīn tǐtiē · 아껴주고 자상하게 보살펴주다

沉默寡言 chénmò guǎyán · 과묵하다

保守 bǎoshǒu · 보수적이다

讲究 jiǎngjiu · 중요시하다

风度 fēngdù · 풍격. 풍모

礼节 lǐjié · 예절

似的 shìde · (마치)…과 같다

不错 búcuò · 괜찮다

凡事 fánshì · 만사

实际 shíjì · 실제

视…为… shì…wéi… · …을 …로 간주하다

半途而废 bàn tú ér fèi · 중도에 그만두다

耻辱 chǐrǔ · 치욕

精明 jingmíng · 일에 세심하고 똑똑하다

对 duì · …에 대하여

太太 tàitai · 부인

一往情深 yì wǎng qíng shēn · 정이 매우 깊어지다

事业 shìyè · 사업

兢兢业业 jīng jīng yè yè · 부지런하고 성실하다

 부사 "再"의 용법

(1) '다시' 라는 뜻으로 주로 아직 실현되지 않은 일이나 일상적인 동작을 가리킨다.

再喝一杯。 한 잔 더 하세요.

你明天再来吧。 내일 다시 오세요.

(2) '(…한 후에)…하다' 라는 뜻을 나타낸다.

我说完以后, 你再说吧。 내가 이야기를 다 한 다음에 당신이 말씀하세요.

等你的病完全好了, 再来上班吧。
당신의 병이 완전히 나은 다음에 출근하세요.

(3) '아무리 …하더라도' 라는 뜻으로 양보의 의미를 나타낸다.

你再等也没有用, 他不会来了。
아무리 기다려도 소용없어요, 그 사람은 오지 않을 겁니다.

你再解释他也不会同意的。
당신이 아무리 설명한다 해도 그는 동의하지 않을 것입니다.

2 "又"의 용법

(1) '또' 라는 뜻으로 주로 동작의 완료를 나타내는 '了' 와 함께 사용한다.

你怎么又喝酒了? 당신 또 술 드셨어요?

他又来了。 그 사람이 또 왔어요.

(2) 한 문장 안에서 '又' 앞뒤로 하나의 동사를 반복하면 이 동작(상태)이 여러 차례 반복됐음을 나타낸다.

洗了又洗。 씻고 또 씻다.

讲了一遍又一遍。 한 번 설명해주고 또 한 번 설명해주었다.

(3) 부정 혹은 반어문의 어기를 강조한다.

他又不吃人, 你怕什么?
그가 사람을 잡아먹는 것도 아닌데, 뭐가 무서워?

他怎么会知道? 我又没告诉他。
그가 어떻게 알겠어? 내가 알려주지도 않았는데.

下雨又有什么关系? 비가 오는 것과 무슨 상관 있어?

181

shāchē

刹车

브레이크를 밟다

jiāyóu

加油

주유하다

mǎi bǎoxiǎn

买 保险

보험에 가입하다

dāchē

搭车

차를 얻어타다

jì ānquándài

系 安全带

안전벨트를 매다

fādòngjī huài le

发动机 坏 了

엔진이 고장 났다

dàochē

倒车

차를 후진시키다

chāochē

超车

차를 추월하다

xǐchē

洗车

세차하다

어휘 플러스

❶ 换车 : _____표를 바꾸다, _____환전하다, _____옷을 갈아입다, _____선수 교체
huànchē

▶▶▶
- ⓐ 换钱 huàn qián
- ⓑ 换衣服 huàn yīfu
- ⓒ 换人 huàn rén
- ⓓ 换票 huàn piào

❷ 功能 : _____공로, _____공명, _____공훈, _____공신
gōngnéng

▶▶▶
- ⓐ 功臣 gōngchén
- ⓑ 功劳 gōngláo
- ⓒ 功名 gōngmíng
- ⓓ 功勋 gōngxūn

❸ 短信 : _____단명하다, _____단거리, _____단기, _____단편
duǎnxìn

▶▶▶
- ⓐ 短距离 duǎnjùlí
- ⓑ 短命 duǎnmìng
- ⓒ 短篇 duǎnpiān
- ⓓ 短期 duǎnqī

❹ 用处 : _____열심히 공부하다, _____차를 마시다, _____용품, _____용법
yòngchu

▶▶▶
- ⓐ 用法 yòngfǎ
- ⓑ 用品 yòngpǐn
- ⓒ 用茶 yòngchá
- ⓓ 用功 yònggōng

❺ 照相 : _____사진, _____조명, _____거울을 보다, _____돌보다
zhàoxiàng

▶▶▶
- ⓐ 照明 zhàomíng
- ⓑ 照片 zhàopiàn
- ⓒ 照顾 zhàogù
- ⓓ 照镜子 zhào jìngzi

문형 연습

太贵了，我可买不起。

"穿"

你比我强多了，我连电脑都不会用。

"饭" — "做"

要不我们去外边吃吧。

"玩儿"

16 你把资料放在我的桌子上吧。

자료를 테이블 위에 놓으세요.

기본 회화 단어

□ 资料 zīliào • 명 자료

□ 弄好了 nòng hǎo le • 다 해놓았다

□ 把 bǎ • 전 목적어를 동사 앞으로 전치시킬 때 씀

□ 放在 fàng zài • …에 놓다

□ 吩咐 fēnfu • 명 분부

□ 调查报告 diàochá bàogào • 명 조사 보고

□ 计划书 jìhuàshū • 명 계획서

실전 회화 단어 ①

□ 经理 jīnglǐ • 명 지배인. 사장

□ 部长 bùzhǎng • 명 부장

□ 接过来 jiē guolai • (전화를) 돌려주세요

□ 对了 duì le • 참

□ 复印 fùyìn • 동 복사하다

□ 房间里 fángjiān li • 방 안

□ 马上 mǎshàng • 부 곧. 바로

□ 清单 qīngdān • 명 명세서

□ 拿过来 ná guolai • 가져오다

□ 顺便 shùnbiàn • 부 …하는 김에

□ 茶 chá • 명 차

□ 绿茶 lùchá • 명 녹차

□ 一共 yígòng • 명 부 합계. 모두

실전 회화 단어 ②

□ 关 guān • 동 (등 · 컴퓨터 등을) 끄다

□ 动 dòng • 동 움직이다

□ 奇怪 qíguài • 형 이상하다

□ 难道 nándào • 부 설마 …하겠는가

□ 自己 zìjǐ • 대 저절로. 스스로

□ 关机 guānjī • 동 컴퓨터를 끄다

□ 想起来了 xiǎng qilai le • 생각이 난다

□ 电灯 diàndēng • 명 전등

□ 拉 lā • 동 당기다

□ 电闸 diànzhá • 명 차단기

□ 哎呀 āiyā • 감 아이쿠(원망 · 불만 · 아쉬움 따위를 나타냄)

□ 说不好 shuō bu hǎo • 잘 알 수 없다

□ 完了 wán le • 망했다. 끝장났다

□ 白 bái • 부 헛되이

□ 怪 guài • 동 원망하다. 책망하다

□ 如果 rúguǒ • 접 만약. 만일

□ 放心 fàngxīn • 동 안심하다

□ 专家 zhuānjiā • 명 전문가

□ 找出来 zhǎo chulai • 찾아내다

□ 如此 rúcǐ • 이러하다

□ 但愿 dànyuàn • 단지 …을 원하다

□ 但愿如此 dànyuàn rúcǐ • 바라는 바입니다

Ⓐ 朴 科长, 你 要 的 资料 我 已经 弄 好 了。
Piáo kēzhǎng, nǐ yào de zīliào wǒ yǐjing nòng hǎo le.
박 과장님, 과장님이 필요한 자료를 모두 준비해놓았습니다.

Ⓑ 你 把 资料 放 在 我 的 桌子 上 吧。
Nǐ bǎ zīliào fàng zài wǒ de zhuōzi shang ba.
자료를 내 테이블 위에 놓으세요.

Ⓐ 好 的, 您 还 有 别的 吩咐 吗?
Hǎo de, nín hái yǒu biéde fēnfu ma?
네, 다른 분부 있으십니까?

Ⓑ 没 有 了。   없습니다.
Méi yǒu le.

회화 연습

调查 报告
diàochá bàogào

计划书
jìhuàshū

187

실전 회화 ❶

A : 经理, 张 部长 的 电话。
Jīnglǐ, Zhāng bùzhǎng de diànhuà.

B : 接 过来 吧。噢, 对 了, 帮 我 复印 一下 资料。
Jiē guolai ba, ō, duì le, bāng wǒ fùyìn yíxià zīliào.

A : 好 的。
Hǎo de.

B : 再 把 这 个 月 的 清单 拿 过来 给 我 看 看。
Zài bǎ zhè ge yuè de qīngdān ná guolai gěi wǒ kàn kan.

A : 我 马上 就 去 拿。
Wǒ mǎshàng jiù qù ná.

B : 顺便 再 给 我 来 一 杯 茶。
Shùnbiàn zài gěi wǒ lái yì bēi chá.

A : 您 要 什么 茶?
Nín yào shénme chá?

B : 我 要 绿茶, 不 不, 还是 来 一 杯 咖啡 吧。
Wǒ yào lùchá, bù bù, háishi lái yì bēi kāfēi ba.

A : 经理, 今天 您 已经 喝 了 五 杯 咖啡 了。
Jīnglǐ, jīntiān nín yǐjing hē le wǔ bēi kāfēi le.

B : 有 那么 多 吗?
Yǒu nàme duō ma?

A : 上午 两 杯, 中午 一 杯, 下午 又 喝 了 两 杯, 一共 是
Shàngwǔ liǎng bēi, zhōngwǔ yì bēi, xiàwǔ yòu hē le liǎng bēi, yígòng shì

五 杯。
wǔ bēi.

B : 是 吗? 那 就 来 绿茶 吧。
Shì ma? Nà jiù lái lùchá ba.

A : 好 的。
Hǎo de.

실전 회화 ②

A : 你 怎么 把 电脑 关 了？我 还要 用 呢。
Nǐ zěnme bǎ diànnǎo guān le? Wǒ hái yào yòng ne.

B : 我 可 没 动 你 的 电脑。
Wǒ kě méi dòng nǐ de diànnǎo.

A : 那 就 奇怪 了，难道 它 会 自己 关机 吗？
Nà jiù qíguài le, nándào tā huì zìjǐ guānjī ma?

B : 噢，我 想 起来 了，刚才 修 电灯 的 时候，我 拉 过 电闸。
Ō, wǒ xiǎng qilai le, gāngcái xiū diàndēng de shíhou, wǒ lā guo diànzhá.

A : 哎呀，我 刚才 打 的 资料 会 不 会 没 了？
Āiyā, wǒ gāngcái dǎ de zīliào huì bu huì méi le?

B : 那 我 可 说 不 好，你 打开 电脑 看 看 吧。
Nà wǒ kě shuō bu hǎo, nǐ dǎkāi diànnǎo kàn kan ba.

A : 但愿 还 在。
Dànyuàn hái zài.

B : 怎么样？还 在 不 在？
Zěnmeyàng? Hái zài bu zài?

A : 完 了，都 没 了，白 辛苦 了。
Wán le, dōu méi le, bái xīnkǔ le.

B : 不 会 吧，我 帮 你 看 看。
Bú huì ba, wǒ bāng nǐ kàn kan.

A : 都 怪 你，如果 找 不 到 的 话，你 就 死 定 了。
Dōu guài nǐ, rúguǒ zhǎo bu dào dehuà, nǐ jiù sǐ dìng le.

B : 放心 吧，我 是 电脑 专家，肯定 能 帮 你 找 出来。
Fàngxīn ba, wǒ shì diànnǎo zhuānjiā, kěndìng néng bāng nǐ zhǎo chulai.

A : 但愿 如此。
Dànyuàn rúcǐ.

번역하기

秋刀鱼方便面：

把秋刀鱼罐头放入500毫升水中，等水开了以后放入两袋方便面和一袋佐料，然后再放辣椒酱、白糖、胡椒粉和辣椒面，如果再放点儿大葱，洋葱和大蒜的话会更好吃。星期天不愿意做饭的时候，你可以试着做一次，保你满意。

泡菜炒方便面：

用油炒泡菜，要注意不要放太多的油，等泡菜炒好以后，倒一杯水煮两分钟，然后再放方便面，佐料呢，不能都放，只放十分之一就可以了，等水煮差不多了，再加大火，一直煮到没水为止。

번역하기 단어

秋刀鱼 qiūdāoyú • 꽁치	大蒜 dàsuàn • 마늘
罐头 guàntou • 통조림. 깡통	愿意 yuànyì • 희망하다. 원하다
放入 fàngrù • …에 넣다	保 bǎo • 보증하다
毫升 háoshēng • 밀리리터	泡菜 pàocài • 김치
开 kāi • (물이) 끓다	炒 chǎo • 볶다
佐料 zuǒliào • 조미료	煮 zhǔ • 끓이다. 삶다
辣椒酱 làjiāojiàng • 고추장	倒 dào • 따르다. 붓다
白糖 báitáng • 설탕	十分之一 shí fēn zhī yī • 10분의 1
胡椒粉 hújiāofěn • 후추가루	差不多 chà bu duō • 거의
辣椒面 làjiāomiàn • 고춧가루	加大火 jiā dà huǒ • 불을 세게 하다
大葱 dàcōng • 대파	到…为止 dào…wéizhǐ • …까지 하(고 끝내)다
洋葱 yángcōng • 양파	

"把"자문

(1) 정의 : '把' 자문은 동작이 어떤 사물을 어떻게 처리했는가와 그 결과를 강조하여 설명할 경우에 주로 쓰인다. '把' 자문의 술어동사는 반드시 처리 또는 지배의 뜻을 지니고 있는 동사여야 하며, 술어동사 뒤에는 반드시 어떤 문장 성분이 와야 한다. 예를 들면 동태조사 '了' 또는 결과보어, 시량보어, 동사의 중첩 등이 동사 뒤에 와서 동작의 영향 또는 결과를 설명한다.

(동작의 주체)　　　(처리되는 사물)　　　(어떻게 처리되었는지 또는 처리 결과)

주어 + '把' + 목적어 + 동사+ 기타성분

他把我的汉语书借走了。 그가 나의 중국어 책을 빌려가 버렸다.
小孩子把镜子打碎了。 아이가 거울을 깨버렸다.

(2) 부정부사 · 조동사 · 시간을 나타내는 부사어는 반드시 '把' 의 앞에 와야 한다.

我还没把申请表送到办公室。
나는 아직 신청서를 사무실에 가져다주지 못했다.
我能把这篇文章背下来。 나는 이 문장을 외워낼 수 있다.
我明天就把书还给你。 내가 내일 그 책을 너에게 돌려줄게.

(3) 주요 동사 뒤에 결과보어 '到, 在, 给, 成'이 올 경우, 반드시 '把' 자문을 사용해야 한다.

请把这个行李送到205号房间。 이 짐을 205호실에 가져다주세요.
我把车钥匙放在桌子上了。 제가 차 키를 테이블 위에 놓아두었습니다.
请把钱交给老师。 이 돈을 선생님께 드리세요.
请你把这篇文章翻译成汉语。 이 문장을 중국어로 번역하시오.

(4) 주요 동사 앞에 '给'를 넣는 경우도 있다.

我把那件事儿给忘了。 제가 그 일을 잊어버렸습니다.

nòng zāng le
弄脏了
더러워졌다

dǎ suì le
打碎了
깨졌다

huá dǎo le
滑倒了
미끄러져 넘어졌다

xiě cuò le
写错了
잘못 썼다

sī diào le
撕掉了
찢어버렸다

fàn shāo jiāo le
饭烧焦了
밥이 타서 눌었다

bīngqílín huà le
冰淇淋化了
아이스크림이 녹았다

shéngzi duàn le
绳子断了
끈이 끊어졌다

kòuzi diào le
扣子掉了
단추가 떨어졌다

192

这个东西放在哪儿？

——————。

——————。 好的，我马上就去。

他喝了几瓶啤酒？

——————。

复印(fùyìn, 복사하다)

你去中国的时候，顺便给我买一瓶酒，好吗？

——————。

어휘 플러스

❶ 资料 : ＿＿＿자원, ＿＿＿자본, ＿＿＿자금, ＿＿＿자격
zīliào

>>> ⓐ 资本 ⓑ 资源 ⓒ 资格 ⓓ 资金
　　　 zīběn 　　 zīyuán 　　 zīgé 　　 zījīn

❷ 报告 : ＿＿＿보수, ＿＿＿보도하다, ＿＿＿보복하다, ＿＿＿보답하다
bàogào

>>> ⓐ 报道 ⓑ 报酬 ⓒ 报答 ⓓ 报复
　　　 bàodào 　　 bàochou 　　 bàodá 　　 bàofu

❸ 复印 : ＿＿＿복잡하다, ＿＿＿복습하다, ＿＿＿복제하다, ＿＿＿복직하다
fùyìn

>>> ⓐ 复习 ⓑ 复杂 ⓒ 复职 ⓓ 复制
　　　 fùxí 　　 fùzá 　　 fùzhí 　　 fùzhì

❹ 明细 : ＿＿＿스타, ＿＿＿명확하다, ＿＿＿현명하다, ＿＿＿명월
míngxì

>>> ⓐ 明确 ⓑ 明星 ⓒ 明月 ⓓ 明智
　　　 míngquè 　　 míngxīng 　　 míngyuè 　　 míngzhì

❺ 经理 : ＿＿＿관리하다, ＿＿＿도리, ＿＿＿대리하다, ＿＿＿정리하다
jīnglǐ

>>> ⓐ 道理 ⓑ 管理 ⓒ 代理 ⓓ 整理
　　　 dàolǐ 　　 guǎnlǐ 　　 dàilǐ 　　 zhěnglǐ

문형 연습

把账单(zhàngdān, 계산서)拿过来给我
看看。

"成绩单(chéngjidān, 성적 통지표)"

请你把汽车停在停车场里边，好
吗?

"摩托车"

我爱人把我的汽车开走了。

"小偷" — "钱包" — "偷走"

빈칸 채우기

01. 你要的东西我已经＿＿＿＿＿＿，你来拿吧。

02. 部长＿＿＿＿＿＿你做的事情千万不要忘了。

03. 你先把菜单＿＿＿＿＿＿给我看看。

04. 你去中国出差的时候＿＿＿＿＿＿给我买一瓶中国酒，好吗？

05. 小姐，先＿＿＿＿＿＿两瓶啤酒，菜等一会儿再上也可以。

06. 你不看电视的话就把电视＿＿＿＿＿＿了吧。

07. 你不要＿＿＿＿＿＿我桌子上的东西，听见了吗？

08. 妈妈，我觉得爸爸今天有点儿＿＿＿＿＿＿。

09. ＿＿＿＿＿＿你真的不知道吗？

10. 我已经把空调＿＿＿＿＿＿好了，你试试看。

11. 我又不是故意(gùyì, 고의로)的，你不要＿＿＿＿＿＿我好不好？

대화를 완성하기

보기 | 把

①

A：你把词典放在哪儿了？

B：_____。

②

A：_____？

B：我把照相机借给我朋友了。

③

A：我得把这个资料交给谁？

B：_____。

④

A：你要换美元还是人民币？

B：_____。

⑤

A：能不能把早餐送到我房间里来？

B：_____。

⑥

A：谁把玻璃打碎了？

B：老师，_____。

memo

01 找到钥匙了吗?

실전회화 1

A : 밥 다 됐어요?
B : 다 됐어요. 배고프시죠?
A : 배고파 죽겠어요. 샤오밍은요?
B : 벌써 왔어요. 자기 방에 있어요.
A : 그럼 빨리 밥 먹읍시다.
B : 네. 음, 우산은요?
A : 무슨 우산요?
B : 오늘 아침에 우산을 가지고 가지 않았어요?
A : 아차, 지하철에 놔뒀네요.
B : 지난번에는 버스에 놓아두더니 이번에는 또 지하철에 놔뒀네요.
A : 내가 돈이 있으면 당신에게 우산 한 트럭을 사 줄게요.
B : 한 트럭의 우산도 당신이 잃어버리기에는 부족해요.
A : 됐어요. 잔소리 그만 해요. 빨리 밥 먹읍시다.

실전회화 2

A : 열쇠를 찾았어요?
B : 아니요, 왜 없어졌지?
A : 다시 잘 찾아보세요.
B : 샅샅이 다 찾아봤는데, 없어요. 나를 도와서 좀 찾아 주시겠어요?
A : 좀 기다리세요. 내가 손을 씻은 다음 당신을 도와 찾아 줄게요.
B : 출근하는데 지각할 것 같아요. 빨리요.
A : 여보, 열쇠가 화장실에 있네요.
B : 화장실에 있다고요? 그게 왜 거기에 가 있죠?
A : 당신이 여기에 놓은 것이 틀림없어요.
B : 난 정말 늙었나 봐요. 요즘 건망증이 점점 심해요.
A : 여보, 그렇게 말하지 마세요. 당신은 보기에 30살밖에 안돼 보여요.
B : 고마워요. 여보, 저녁에 봐요!
A : 저녁에 봐요!

02 你在干什么呢?

실전회화 1

A : 여보세요, 샤밍, 나야. 너 뭐해?
B : 자고 있어.
A : 빨리 일어나!
B : 난 아직 실컷 자지 못했어.
A : 벌써 10시야, 왜 아직도 안 일어나?
B : 오늘은 일요일이잖아, 좀 더 자고 싶어.
A : 우리 같이 목욕하러 가자고 약속하지 않았어?
B : 오후에 가면 안 돼?
A : 오후에 가면 사람이 너무 많아.
B : 그럼 너 혼자서 가, 난 좀 더 잘거야.
A : 게으름뱅이 같으니라고.

실전회화 2

A : 왜 서 있어요, 앉으세요.
B : 다음 역에서 내릴건데요, 안 앉을래요.
A : 손에 든 것이 무엇입니까?
B : 소설입니다.
A : 소설 볼 시간도 있으세요?
B : 매일 지하철을 탈 때 책을 좀 보는 것이 좋은 것 같습니다.
A : 당신은 정말 시간을 잘 이용하시네요.
B : 이렇게 할 수 밖에 없어요. 아니면 사는 것이 너무 단조롭잖아요.
A : 당신은 옛날 그대로네요. 부지런하고 적극적이며 진지한 것.
B : 칭찬해주셔서 감사합니다.
A : 명동역에 도착한 것 같습니다. 빨리 내리세요.
B : 내일 봐요!
A : 내일 봐요!

03 明天天气怎么样?

실전회화 1

A : 요즘 날씨가 정말 좋네요! 춥지도 않고 덥지도 않고.
B : 그래요! 날씨가 이렇게 좋은데 우리 밖으로 나가서 신선한 공기를 좀 마십시다.
A : 어디로 놀러가면 좋을까요?
B : 아무데나 놀러가도 다 좋아요.
A : 벚꽃구경을 해본 적이 있습니까?
B : 아니요. 단지 텔레비전에서 본 적이 있습니다.
A : 그럼 우리 벚꽃구경을 갑시다.
B : 좋아요.

A : 그런데 비가 오면 갈 수 없습니다.
B : 왜요?
A : 비가 오면 벚꽃이 모두 떨어지기 때문이죠.
B : 이번 주말에 비가 안 내리면 좋겠습니다.
A : 저도 그러기를 바랍니다.

실전 호I호I 2

A : 방금 멀쩡한 날씨가 왜 갑자기 비가 내리기 시작하는 거죠?
B : 오늘 이 날씨는 마치 여자의 마음 같이 헤아리기 어렵네요!
A : 뭐 그렇게 감개하십니까? 빨리 일이나 하세요.
B : 난 비가 오늘 날이면 기분이 우울해요.
A : 당신은 요즘 정서가 왜 이렇게 불안합니까?
B : 저도 잘 모르겠어요.
A : 부인이랑 싸웠어요?
B : 아니요.
A : 그럼 일이 순조롭지 않습니까?
B : 그런 것도 아닙니다.
A : 그럼 제가 당신을 데리고 갈 곳이 있습니다.
B : 어디요?
A : 가 보시면 곧 알게 될 것입니다.

04 他比我胖多了。

실전 호I호I I

A : 당신은 보통 어디에서 물건을 사십니까?
B : 저는 보통 대형 마트에서 물건을 삽니다.
A : 맞아요. 그곳의 일용품은 종류가 비교적 많고, 야채도 아주 신선하죠.
B : 저는 거의 매주 주말에 그곳에 가서 쇼핑합니다.
A : 그런데 그곳의 옷은 백화점의 옷보다 세련되지 못해요.
B : 그렇긴 한데요, 백화점의 옷은 너무 비싸요.
A : 하지만 품질이 좋고 디자인도 새롭고 게다가 오랫동안 입을 수 있잖아요.
B : 저는 동대문시장의 옷도 괜찮다고 생각합니다.
A : 잘 고르면 그런대로 괜찮습니다.
B : 제 아내는 옷을 아주 잘 고릅니다. 남들은 제 아내가 산 옷이 모두 백화점에서 산 것인 줄 압니다.
A : 제 아내는요 메이커만 따집니다.

B : 당신은요?
A : 저는요 다루기 쉽습니다. 주는 대로 입어요. 별로 따지는 거 없습니다.

실전 호I호I 2

A : 좀 봐 주세요, 어느 옷을 입는 게 더 예뻐요?
B : 다 예뻐요.
A : 정신을 딴 데 팔지 말고 좀 잘 봐 주세요.
B : 선보러 가는 것도 아닌데, 아무것이나 입으면 되잖아요.
A : 저도 당신을 위해서입니다. 내가 예쁘면 당신의 면목도 서잖아요.
B : 당신은 치장을 하지 않아도 예쁩니다.
A : 정말요? 헤헤, 고마워요.
B : 예쁘다면 누구나 다 좋아하네.
A : 뭐라고요?
B : 당신이 이 옷을 입으니 너무 예쁘다고요.
A : 너무 꼭 끼지 않아요?
B : 아니요, 딱 맞아요. 우리 가도 됩니까?
A : 가도 됩니다.

05 你汉语说得真好!

실전 호I호I I

A : 당신은 중국어를 정말 잘하시네요!
B : 별말씀을요, 아직 멀었어요.
A : 당신은 발음이 아주 정확한 것 같아요.
B : 그래요? 비밀을 하나 알려드릴게요. 제 부인이 중국인이거든요.
A : 그러니까 그렇게 잘하시죠.
B : 당신도 중국어를 잘하잖아요!
A : 그냥 그래요.
B : 당신의 회사에는 중국어를 할 줄 아는 사람이 많습니까?
A : 저를 제외하고 두 사람 더 있어요.
B : 우리 회사는 중국어를 할 줄 아는 사람이 아주 많아요.
A : 당신이 회사에서 중국어를 가장 잘하시죠?
B : 그렇다고 할 수 있죠. 그런데 제 영어가 그다지 좋지 않습니다.
A : 다음 달 저희 회사에서 저를 상하이 지사로 파견근

무를 보낼 예정입니다.
B : 그래요? 그럼 당신의 중국어는 틀림없이 저를 능가할 것입니다.

실전 회화 2

A : 당신은 매일 일찍 일어납니까?
B : 아이가 7시에 학교에 도착해야 하기 때문에 비교적 일찍 일어납니다.
A : 그러면 낮에 졸리지 않습니까?
B : 졸리지 않습니다. 그 이유는 저녁에 일찍 자기 때문이죠.
A : 저는 저녁만 되면 정신이 납니다. 우리 엄마는 저를 올빼미라고 해요.
B : 그럼 당신은 매일 저녁 몇 시에 잡니까?
A : 2~3시요.
B : 그럼 아침에 일어날 수 있어요?
A : 아이고, 말도 마세요. 아침에 일어날 때 고통스러워 죽겠습니다.
B : 아세요? 너무 늦게 자면 피부와 건강에 모두 안 좋습니다.
A : 압니다. 저도 고치려고 시도하고 있습니다.
B : 제가 좋은 방법 하나 알려드릴게요.
A : 무슨 방법이요? 빨리 알려주세요.
B : 첫째 주는 우선 두 시에 자는 것을 시도해 보고, 둘째 주는 1시에 주무세요.
A : 네, 이해가 됩니다. 조금씩 조금씩 고치라는 것이네요.

06 你是跟谁一起来的?

실전 회화 1

A : 당신의 옷이 정말 예쁘네요!
B : 감사합니다!
A : 어디에서 사셨습니까?
B : 롯데백화점에서 샀습니다.
A : 아주 비싸죠?
B : 그다지 비싸지 않습니다. 세일 할 때 산 겁니다.
A : 무슨 메이커죠?
B : 빈폴요.
A : 얼마 주시고 사셨습니까?
B : 8만 5천원이요.

A : 저도 하나 사고 싶은데요.
B : 제가 지난 주에 샀으니 아마 지금도 세일하고 있을 겁니다.
A : 그럼 이번 주 일요일 저랑 같이 가 주실 수 있어요?
B : 네.

실전 회화 2

A : 당신의 남동생은 대학을 졸업했습니까?
B : 졸업했습니다.
A : 언제 졸업했습니까?
B : 재작년에 졸업했습니다.
A : 결혼했습니까?
B : 왜 그것을 물으십니까?
A : 사촌 여동생이 하나 있는데요, 당신의 남동생에게 소개해주고 싶어서요.
B : 제 남동생이 결혼은 안 했는데요, 아마 여자 친구가 있는 것 같습니다.
A : 네, 그러면 됐습니다.
B : 당신의 사촌 여동생이 지금 무엇을 하고 있습니까?
A : 대학을 막 졸업하고 일을 찾고 있습니다.
B : 전공이 무엇인데요?
A : 회계요.
B : 전공이 괜찮네요. 일을 찾는데 큰 어려움이 없을 것 같은데요.

07 我感冒三天了。

실전 회화 1

A : 여보세요, 안녕하세요! 박 과장님, 접니다. 김광래요.
B : 왜 아직도 출근하지 않습니까?
A : 정말 죄송합니다. 오늘 제가 출근할 수 없게 되었습니다.
B : 왜요?
A : 지금 병원에 있습니다.
B : 무슨 일 있어요?
A : 몸이 좀 불편해서요.
B : 무슨 병인데요? 심합니까?
A : 의사 선생님이 급성 장염이라며 이틀 쉬면 좋아진답니다.
B : 그럼 집에서 푹 쉬세요.

A : 요즘 회사가 그렇게 바쁜데 정말 죄송합니다.

B : 회사 일은 신경을 쓰지 말고 우선 몸조리를 잘 하고 봐야죠.

A : 감사합니다, 과장님.

실전 회화 2

A : 어때요? 좀 좋아졌어요?

B : 많이 좋아졌습니다. 지금은 걸을 수 있습니다.

A : 수술 자리가 안 아프세요?

B : 아프지 않습니다. 내일이면 실밥을 뽑을 수 있습니다.

A : 그렇게 빨리요! 그럼 언제 퇴원할 수 있습니까?

B : 의사 선생님 말로는 일주일 후에 퇴원할 수 있답니다.

A : 제 생각엔 며칠 더 있는 게 좋을 것 같습니다.

B : 저는 하루도 더 있고 싶지 않습니다. 여기에 있는 것이 답답해 죽겠어요.

A : 음악도 좀 듣고, 책도 좀 보면 되잖아요.

B : 벌써 9권의 소설을 읽었습니다.

A : 저희 집에 세계 명작이 많은데 드릴까요?

B : 필요 없습니다. 여기 아직 안 본 책들이 많이 있습니다.

A : 필요한 것이 있으면 사양하지 마시고 얼마든지 말씀하세요.

B : 알았어요.

08 我家的下水道堵了。

실전 회화 1

A : 우리 집의 에어컨이 망가져서 새로 사려고 합니다.

B : 여름까지 아직 멀었잖아요.

A : 벌써 6월 말이에요. 이르지 않습니다.

B : 시간이 정말 빨리 지나가네요!

A : 그러게 말이예요.

B : 일 년 사계절 중 저는 여름이 가장 좋습니다.

A : 저는 당신하고 정반대입니다. 저는 더운 것이 싫어서 여름을 좋아하지 않습니다.

B : 여름이 얼마나 좋아요! 해변에 가서 수영할 수도 있고, 미니스커트도 입을 수 있고.

A : 겨울이 더 좋아요.

B : 겨울에 뭐가 좋습니까?

A : 겨울에 스키 타러 갈 수 있잖아요!

B : 정말 알 수 없네요. 당신이 스키 탈 줄도 아세요?

A : 스케이트 탈 줄도 아는걸요.

B : 그래요? 저는 스키 탈 줄도 모르고 스케이트 탈 줄도 모릅니다. 단지 수영만 할 줄 압니다.

실전 회화 2

A : 아저씨, 무슨 문제입니까?

B : 온수기의 급수 밸브가 망가졌어요.

A : 수리할 수 있습니까?

B : 할 수 있습니다. 그런데 새 급수 밸브를 교체하는데 2만 원이 듭니다.

A : 일 년 내에 무료로 수리할 수 있지 않습니까?

B : 언제 사셨습니까?

A : 작년에 산 것 같은데요.

B : 영수증이 있으세요?

A : 네. 여기 있습니다. 보세요.

B : 네, 작년 8월 6일에 사셨네요. 아직 일 년이 되지 않았네요.

A : 그러면 무료로 수리할 수 있는 것이죠?

B : 네.

A : 잘됐네요. 자, 아저씨, 물 한 잔 드시고 수리하세요.

B : 감사합니다!

09 我们进去看看吧。

실전 회화 1

A : 저에게 이메일을 보내셨습니까?

B : 벌써 보냈는데요.

A : 언제 보내셨습니까?

B : 어제 저녁에 보냈습니다.

A : 그래요? 그런데 전 아직 못 받았습니다.

B : 그럼 다시 한 번 보내드릴게요.

A : 부탁드릴게요. 참, 샘플은요?

B : 샘플은 며칠 지나서 보내드릴게요.

A : 당신에게 알려주는 것을 잊었네요. 저희 회사가 이사했습니다.

B : 이미 알고 있습니다.

A : 어떻게 아셨습니까?

B : 당신의 과장님에게 들었습니다.

A : 소식이 꽤 빠른 편이군요.

B : 그럼요.

실전 회화 2

A : 장 과장님, 너무 늦었어요. 우리 집으로 돌아가야 하지 않습니까?

B : 뭐가 그렇게 급합니까! 좀 더 있어요.

A : 시간이 이르지 않습니다. 저는 집에 가야합니다.

B : 당신은 왜 아내를 그렇게 무서워하는 겁니까?

A : 과장님, 이것은 아내를 무서워하는 게 아니라 사랑하는 것이죠.

B : 참, 내가 잊었네, 당신은 신혼이지.

A : 정말 미안합니다. 제 아내가 임신했습니다. 그래서 제가 일찍 집에 가야합니다.

B : 아내가 임신했다고요? 내 기억으로는 당신이 결혼을 한 지 겨우 한 달인데 어떻게 이렇게 빨리 임신을 하죠?

A : 이것을 보고 "Honeymoon baby"라고도 하죠.

B : 됐어요. 당신을 말로 이기지 못하겠네요. 그럼 먼저 들어가세요.

A : 감사합니다. 과장님, 다음에는 제가 반드시 끝까지 함께 하겠습니다.

B : 알았어요. 빨리 가세요.

A : 내일 뵙겠습니다!

B : 내일 봐요!

---

10 火车马上就要开了。

실전 회화 1

A : 이번 주 토요일 샤오꽝이 결혼을 한다는데 그의 결혼식에 참가하실 겁니까?

B : 샤오꽝이 결혼을 한다고요?

A : 모르고 있었어요?

B : 저는 모르는데요. 그가 왜 나에게 알려주지 않았을까요?

A : 제 생각엔 아마 쑥스러워서 그런 것 같습니다.

B : 뭐가 쑥스러운데요.

A : 38살이 되어서야 결혼을 하니 당연히 쑥스럽죠.

B : 그렇네요. 제가 그 사람이랑 동갑인데, 제 아이는 벌써 초등학교에 다니잖아요.

A : 도대체 갈 겁니까 안 걸겁니까?

B : 갈 거예요.

A : 그럼 우리 운전해서 같이 갑시다. 토요일 제가 당신의 집에 데리러 갈게요.

B : 거기에 주차할 곳이 어디 있습니까? 아예 지하철을 타고 갑시다.

A : 그래도 됩니다. 그럼 우리 어디에서 만날까요?

B : 신촌역 4번 출구에서 만납시다.

실전 회화 2

A : 어떻게 하죠? 10시에 텔레비전 방송국에 가서 녹화를 해야 하는데.

B : 폭우가 쏟아져서 비행기가 착륙할 수 없으니 아무런 방법도 없잖아요.

A : 별 일 없겠죠?

B : 됐어요. 생각하지 마세요.

A : 지금 비행기가 비행하고 있으니 전화해서 그들에게 통지할 수도 없고.

B : 좀 기다려봅시다. 방법이 있을 거예요.

A : 저는 이런 일을 처음 겪습니다.

B : 저는 예전에 겪은 적이 한 번 있습니다.

A : 그게 언제죠?

B : 그때가 3년 전 하와이에 갈 때였습니다.

A : 그때 당신은 혼자 가셨습니까?

B : 아니요. 저희 주임님하고 같이 갔었습니다.

A : 다행이네요.

B : 그래요! 긴급한 상황이 발생하였을 때 두 사람이 한 사람보다 낫죠.

---

11 找不到的话就算了。

실전 회화 1

A : 올 추석 때 고향에 가실 겁니까?

B : 가고 싶지만 기차표를 살 수 없어요!

A : 운전해서 가면 되잖아요.

B : 그때 고속도로에 차가 심하게 막히잖아요, 저는 정말 참을 수 없어요.

A : 그러면 비행기를 타고 가세요.

B : 비행기표를 사기가 기차표를 사는 것보다 더 힘들어요.

A : 그럼 올해 안 가실 예정이십니까?

B : 부모님께 저희 쪽에 와서 명절을 보내시라고 하려고 합니다.

A : 그것도 방법이네요.

B : 그런데 저희 부모님께서 연세가 많으셔서 좀 걱정이 됩니다.

A : 당신의 부모님은 올해 연세가 어떻게 되셨습니까?

B : 올해 67세인데요 아주 정정하십니다.

A : 그런데 나이 드시면 만날 집에만 있어도 안 좋습니다.

B : 그래요? 그럼 올해 시도해 봐야겠네요.

실전 회화 2

A : 제가 당신에게 보낸 이메일을 받으셨습니까?

B : 받았습니다. 그런데 안 열립니다.

A : 안 열린다고요? 그럴 리 없는데.

B : 제가 몇 번이나 시도해 보았는데요, 모두 안 됐습니다.

A : 네, 참, 제가 보낸 것이 압축 파일이기 때문에 압축을 풀어야 합니다.

B : 저는 압축을 풀 줄 모릅니다.

A : 그러면 제가 다시 한 번 보내드릴게요.

B : 번거롭게 해서 죄송합니다.

A : 그런데 압축을 푼 다음에 보내면 용량이 너무 클 것 같습니다.

B : 상관 없습니다. 웹하드로 올려 주세요.

A : 네.

B : 대략 언제쯤 저에게 보내 주실 수 있습니까?

A : 지금 제가 밖에 있습니다. 오후에 보내드리면 안 됩니까?

B : 됩니다.

12 你现在接电话方便吗?

실전 회화 1

A : 컬러링을 또 바꿨어?

B : 왜? 듣기 안 좋아?

A : 아니, 듣기 좋은데, 너희 컬러링이 너무 자주 바뀌어서.

B : 난 여러 사람들이 최신 음악을 감상하게 하기 위해서이지.

A : 어떤 음악은 너무 시끄러워.

B : 그것은 Rock이야. 이것 네가 너무 몰라서야.

A : 난 원래 음악에 흥미가 없어.

B : 그럼 넌 무엇에 대하여 흥미가 있는데?

A : 난 테니스에 흥미가 있어.

B : 언제부터 테니스를 하기 시작했어?

A : 배운지 얼마 안 돼. 그런데 아주 재미있어.

B : 네가 잘 배운 다음에 나랑 겨루어 보자.

A : 좋아.

실전 회화 2

A : 좀 천천히 운전하세요. 앞에 교통위반 단속 카메라가 있는 것 같습니다.

B : 알았어요. 지도를 좀 봐 주세요.

A : 저는 지도를 볼 줄 모릅니다. 제가 네비게이션을 하나 설치했는데요, 아주 편합니다.

B : 네비게이션요? 그것은 무엇입니까?

A : 당신을 도와 길을 안내해 줄 수 있습니다.

B : 어떻게 안내하는데요?

A : 출발지와 목적지만 찍으면 어떻게 가야하는지 당신에게 자세하게 알려줍니다.

B : 그래요? 참, 이정표를 좀 봐 주세요.

A : 네. 우리는 어느 출구로 나가야 합니까?

B : 궁허 인터체인지 후웅챠오 공항 방향으로 나가야 합니다.

A : 바로 다음 출구입니다.

B : 잘못 보면 안 됩니다.

A : 틀림없어요. 제가 얘기한 대로 가세요.

13 我已经等了你半个小时了。

실전 회화 1

A : 당신은 왜 이제서야 오는 겁니까?

B : 정말 미안합니다. 주유하느라 몇 분 지체했습니다.

A : 몇 분이라고요? 제가 이미 반 시간 넘게 기다렸습니다.

B : 그렇게 오래되었습니까?

A : 우리가 8시에 만나자고 약속했잖아요, 지금 벌써 8시 반이 되었습니다.

B : 아닌데요. 제 시계는 이제 겨우 8시 10분인데요.

A : 당신의 시계가 늦은 것 아닙니까?

B : 그럴 리 없는데요. 어제 시계를 맞추었습니다.

A : 건전지가 없는 게 아닐까요?

B : 그럴 수도 있습니다.

A : 언제 건전지를 갈았습니까?

B : 제 기억으로는 작년입니다.

A : 그러면 틀림 없이 건전지 문제입니다.

실전 회화 2

A : 38번 버스의 막차가 몇 시인지 아십니까?

B : 모릅니다. 아니면 우리 지하철을 탑시다.

A : 지금 몇 시 입니까?

B : 11시 5분입니다.

A : 우리는 벌써 차를 반 시간 넘게 기다렸습니다. 보아하니 차가 안 올 것 같습니다.

B : 지금 지하철을 타도 늦지 않을 것 같습니다.

A : 좋아요. 그럼 우리 지하철을 타러 갑시다.

B : 저는 2호선을 타는데, 당신은요?

A : 저는 3호선을 타야 합니다.

B : 이 근처에 3호선이 없는 것 같은데요.

A : 그럼 우선 당신하고 2호선을 타다가 3호선을 갈아타죠.

B : 아, 38번 버스가 왔습니다.

A : 그래요? 잘 됐네요.

14 车怎么还不来啊?

실전 회화 1

A : 아가씨, 우리가 주문한 요리가 모두 나왔습니까?

B : 네, 모두 나왔습니다.

A : 요리를 두 개 더 시켜야겠네요. 아가씨, 메뉴판을 좀 주세요.

B : 선생님, 메뉴판 여기 있습니다.

A : 여기에서 가장 잘 하는 요리는 무엇입니까?

B : 매운 돼지고기 볶음과 새우 볶음입니다.

A : 매운 돼지고기 볶음 요리가 맵습니까?

B : 꽤 맵습니다.

A : 그럼 안 됩니다. 아이들이 매운 것을 먹지 못합니다.

B : 닭 날개 튀김은 어떻습니까? 아이들이 아주 좋아합니다.

A : 그럼 닭 날개 튀김과 새우 볶음을 주세요. 그리고 아이들에게 음료수도 좀 주세요.

B : 아이들에게 수박 주스를 주는 게 어떻습니까?

A : 좋아요. 그럼 수박 주스를 좀 주세요.

B : 네. 잠깐만 기다리세요.

실전 회화 2

A : 과장님, 또 무슨 보약을 드십니까?

B : 홍삼입니다. 제 장모님이 저에게 사 주신 것입니다.

A : 당신은 정말 복이 많네요.

B : 제가 요즘 몸이 좀 허약하고 식욕도 없습니다.

A : 보약을 먹는 것이 소용이 있다고 생각하십니까?

B : 당연히 소용이 있죠. 저는 매년 봄에 한 번 먹습니다.

A : 누가 동충하초를 저에게 선물했는데요, 저는 먹는 것이 귀찮아서 안 먹었습니다.

B : 당신은 몸이 건강하니 안 먹어도 돼요.

A : 저도 몸이 예전보다 못합니다. 어제 스키를 3시간 동안 탔더니 오늘 발목이 아파 죽겠습니다.

B : 이렇게 많은 나이에 스키 타러 가셨습니까?

A : 저는 원래 안 가려고 했는데 처남이 저를 끌고 갔어요.

B : 제가 마지막에 스키를 탄 것이 10년 전으로 기억하고 있는데.

A : 스키가 좀 무섭지만 스릴있고 꽤 재미있습니다.

15 你换车了?

실전 회화 1

A : 새로 핸드폰을 샀는데요, 기능이 너무 많아서 저는 어떻게 사용하는지도 모릅니다.

B : 그래요. 제 핸드폰은 전화 거는 기능과 메시지를 보내는 기능만 사용합니다.

A : 당신은 저보다 낫네요. 저는 메시지도 보낼 줄 모릅니다.

B : 제 아이의 핸드폰은 용도가 정말 많습니다.

A : 뭐하는데 쓰는데요?

B : 인터넷도 하고 음악도 듣고 사진도 찍고 게임도 하고, 밥을 먹을 때 마저도 손에 핸드폰을 들고 있습니다.

A : 제 아이는 만날 인터넷만 합니다. 지금부터 공부하지 않으면 아마 대학도 못 갈 것 같습니다.

B : 아이구, 지금은 우리 그때와 같지 않습니다. 사회에 유혹이 너무 많습니다.

A : 그래서 아이들이 공부에 전념할 수 없죠. 이것이 큰 문제입니다.

B : 매일 지켜볼 수도 없고, 말씀 좀 해보세요, 어떻게 하면 좋을 것 같습니까?

A : 공부는요 강제적으로 할 수 없고 자율에 맡겨야합니다.

B : 그래요! 자율에 맡겨야죠.

실전 회화 2

A : 식당은 몇 시에 배식을 시작합니까?

B : 12시에 시작합니다.

A : 그럼 우리 먼저 밥 먹으러 갑시다.

B : 지금 이 시간 때에는 사람이 너무 많아서 줄을 서서 기다려야 합니다.

A : 아니면 우리 밖의 식당에 가서 먹읍시다.

B : 밖의 식당에서 밥을 먹어도 한 시간은 걸립니다.

A : 아예 배달을 시킵시다.

B : 좋은 생각이에요. 무엇을 드시고 싶습니까? 중국요리요 아니면 서양요리요?

A : 피자 어때요?

B : 좋아요. 스파게티 일 인분 더 시켜 주세요.

A : 그래요. 제가 지금 바로 전화 할게요.

B : 좀 빨리 가져오라고 하세요. 좀 배고프네요.

A : 알았어요.

16 你把资料放在我的桌子上吧?

실전 회화 1

A : 사장님, 장 부장님 전화요.

B : 돌려주세요. 참, 자료를 좀 복사해 주세요.

A : 네.

B : 이번달 거래명세서도 좀 가져다 주세요.

A : 곧 가져다 드리겠습니다.

B : 가는 김에 차도 한 잔 주세요.

A : 어떤 차를 드릴까요?

B : 녹차 한 잔 주세요. 아니, 커피 한 잔 주세요.

A : 사장님, 오늘 벌써 커피를 다섯 잔이나 드셨습니다.

B : 그렇게 많아요?

A : 오전에 두 잔, 점심 때 한 잔, 오후에 두 잔, 모두 다섯 잔입니다.

B : 그래요? 그럼 녹차 한 잔 주세요.

A : 네.

실전 회화 2

A : 왜 컴퓨터를 껐어? 나 아직 다 안 썼는데.

B : 난 네 컴퓨터를 건드리지 않았어.

A : 그럼 이상하네. 설마 컴퓨터가 스스로 끌 수 있겠어?

B : 아, 생각이 난다. 방금 등을 수리할 때 차단기를 내린 적이 있어.

A : 아이고, 방금 내가 친 자료가 없어지는 거 아니야?

B : 그건 나도 장담할 수 없어. 컴퓨터를 열어봐.

A : 있기를 바래야지.

B : 어때? 아직 있어?

A : 망했다. 다 없어졌어. 헛수고를 했네.

B : 그럴 리 없는데. 내가 봐줄게.

A : 다 네 탓이야. 만약 찾지 못하면 넌 죽었어.

B : 걱정하지 마, 내가 컴퓨터 전문가잖아. 꼭 찾아낼게.

A : 그러기를 바라야지.

01 找到钥匙了吗?

심리 테스트

老虎：权力(권력)，狗：配偶(배우자)
猪：钱(돈)，猴子：情人(애인)

기본 문장 익히기

1. 真对不起，我忘了带钥匙。
2. 我吃完饭就帮你洗衣服。
3. 最近天气越来越冷了。

어휘 플러스

1. D B A C	2. C A B
3. B A D C	4. D A B C
5. B A C D	

빈칸 채우기

1. 我去拿雨伞，你等我一会儿。
2. 明天来的时候，你千万不要忘了带词典。
3. 吃完饭以后我们去看电影吧。
4. 你不是吃早饭了吗?
5. 等我有了钱，一定给你买一辆漂亮的跑车。
6. 别看电视了，快来吃饭吧。
7. 我还没找到钥匙，你帮我找找好不好?
8. 我看完电视就帮你洗衣服。
9. 马上就要下雨了，快走吧。
10. 看样子他不会来了，我们不要等了。
11. 最近天气越来越冷了，你多穿点儿衣服吧。

02 你在干什么呢?

기본 문장 익히기

1. 爸爸在看电视，我在写作业。
2. 我们不是说好了一起去看电影吗?
3. 他手里拿着一本词典。

어휘 플러스

1. D A C B	2. B A C D
3. D C B A	4. D C B A
5. B C D A	

빈칸 채우기

1. 明天我们一起去逛商店吧。
2. 都12点了，快去睡觉吧。
3. 我们不是说好了一起去看电影吗?
4. 他手里拿着一本中韩词典。
5. 今天是星期天，我想再睡一会儿。
6. 你坐吧，我下一站就下车了。
7. 你现在有没有空儿?
8. 要不然你一个人去吧。
9. 好像到首尔站了，我们准备下车吧。
10. 你还是老样子，没什么大的变化。
11. 电影院离这儿不太远，我们走着去吧。

03 明天天气怎么样?

어휘 플러스

1. B C D A	2. B A C D
3. C D A B	4. B A D C
5. B A C D	

빈칸 채우기

1. 我没有兄弟姐妹，我家只有我一个孩子。
2. 这里空气不太好，我们到外面去呼吸一下新鲜空气吧。
3. 我只是在电视里看过长城，所以我很想去看看。
4. 如果我有时间的话，我一定去。
5. 因为工作太忙，我忘了我爱人的生日。
6. 但愿这个周末不下雨，那我们就可以去看樱花了。
7. 有一天下班以后，我爱人突然对我说他要辞职。

8. 最近我的孩子情绪很低落。

9. 昨天我跟我男朋友吵架了，到现在他也不给我打电话，气死我了。

10. 最近我的工作很顺利，所以心情也特别好。

11. 我对我的工作不太满意，所以有机会的话，我想换工作。

04 他比我胖多了。

어휘 플러스

1. D C B A　　　2. C A D A
3. C D B A　　　4. B D A C
5. B C A D

빈칸 채우기

1. 他显得老，其实他没有我大。

2. 我早上一般吃面包和牛奶。

3. 超市里的蔬菜种类很多，而且又很新鲜。

4. 我在韩国住过8年，韩国菜我几乎都吃过。

5. 这里的衣服质量好，式样新，穿在身上显得非常时髦。

6. 你觉得东大门市场的衣服怎么样？

7. 中国人讲究吃，韩国人讲究穿。

8. 我这个人好对付，给什么吃什么，从来不挑食。

9. 一会儿我领两个朋友来咱家吃饭，你随便做两个菜吧。

10. 我在跟你说话呢，你怎么心不在焉呢？

11. 你不打扮也非常漂亮。

05 你汉语说得真好!

어휘 플러스

1. B C A D　　　2. A B C D
3. D A B C　　　4. B A C D

5. D B A C

빈칸 채우기

1. 我汉语说得不太好，只会说一点儿。

2. 我觉得我的汉语发音不太标准。

3. 这是秘密，你可不要告诉其他的人。

4. 怪不得你汉语说得这么好，真羡慕你呀！

5. 出了汉语以外，我还会说英语和日语。

6. 我们公司打算派我去中国工作，可我不太想去。

7. 你肯定知道她在哪儿，你快告诉我好吗？

8. 我每天都起得非常早，所以白天很困。

9. 昨天晚上我只睡了两个小时，所以早上起床以后一点儿精神也没有。

10. 我不能跟你去喝酒了，因为我爱人让我早点儿回家接孩子。

11. 抽烟对身体不好，所以我打算戒烟。

06 你是跟谁一起来的?

서술하기

三个人一组进行叙述(方法：请每个人介绍一下自己所写的人)

어휘 플러스

1. B C D A　　　2. C D B A
3. B C D A　　　4. B C A D
5. B A D C

빈칸 채우기

1. 他是一个人来的，我呢，是跟我爱人一起来的。

2. 我不是开车来的，我是坐火车来的。

3. 今天百货商店打折，我们一起去逛逛吧。

4. 你穿的衣服是什么牌子的?挺漂亮的，我也想买一件。

5. 你估计今天会不会下雨?

6. 你花钱太随便了。

7. 他今年已经30岁了，不过好像还没有女朋友。

8. 上大学的时候，我的专业是数学。

9. 你陪我去一趟书店好吗？

10. 算了，我还是自己去吧。

11. 你想找什么样的男朋友？

---

07 我感冒三天了。

어휘 플러스

1. D A C B	2. B A D C
3. B A C D	4. B A D C
5. D A C B	

빈칸 채우기

1. 最近我头疼、发烧，浑身都不舒服。

2. 真不好意思，我不能去参加你的婚礼了。

3. 大夫说我的病不太严重，休息两天就会好的。

4. 你身体也不太好，公司里的事儿你就不要操心了，我们会做好的。

5. 最近我工作特别累，每天回到家里累得我腰酸腿疼，浑身没劲儿。

6. 你先回饭店好好儿休息一下，等一会儿我来接你。

7. 我爸爸的病好多了。

8. 手术以后刀口可能会疼几天。

9. 病房太小，空气又不好，闷死我了。

10. 如果你想吃什么，尽管说好了。

11. 你甭去了，他已经来了。

---

08 我家的下水道堵了。

어휘 플러스

1. B A D C	2. C D B A
3. B A D C	4. B C D A

---

5. B D A C

---

09 我们进去看看吧。

빈칸 채우기

1. 我马上就到家了，你呢？什么时候能到家？

2. 我还没收到你我发给的电子邮件，你能不能再给我发一次？

3. 每次都麻烦你来机场接我，真不好意思。

4. 我家离我们公司比较远，所以我搬家了。

5. 妈，告诉你一个好消息，我怀孕了。

6. 你别着急，不会有什么事儿的。

7. 我怕热，不怕冷。

8. 最近他在学校表现很好，上课的时候也非常认真。

9. 我来中国才一个多月，可是我觉得好像是过了一年。

10. 我可记得你。

11. 我记得你结婚才一个月，怎么这么快就怀孕了？

---

10 火车马上就要开了。

어휘 플러스

1. B D C A	2. A C D B
3. C B A D	4. B C A D
5. D B C A	

빈칸 채우기

1. 这个星期六我得参加两个婚礼。

2. 我跟我爱人是同岁。

3. 你到底想不想去？如果你不想去的话，那我就自己去了。

4. 小张，在前边十字路口停一下好吗？

5. 又不是什么好事儿，干脆我们不要告诉他了。

6. 飞机起飞和降落的时候，不能使用手机或者电脑。

7. 我是第一次遇到这样的情况。

8. 你不要着急，也许会有办法通知他们的。

9. 发生什么事情了？

10. 你们那里的情况怎么样？

11. 到我家门口的时候，我才发现我忘了带钥匙。

11 找不到的话就算了。

어휘 플러스

1. B A C D
2. B A C D
3. A B C D
4. A B C D
5. B A C D

빈칸 채우기

1. 韩国人过生日的时候一般吃什么？

2. 好是好，不过太贵了。

3. 我买到火车票了，我们可以坐火车回老家了。

4. 我们新来的老师可厉害了，我们都怕他。

5. 北京的夏天太热了，我可受不了。

6. 其实你不用那么担心，你的孩子都20岁了，他会理解你的。

7. 我父母今年已经70多岁了，不过身体还很硬朗。

8. 我可以试试那件红色的衣服吗？

9. 是这把钥匙吗？怎么打不开呀？

10. 我的电脑容量太小，得换一台新的。

11. 恐怕他不会同意，我们还是不要去找他了。

12 你现在接电话方便吗？

어휘 플러스

1. B C D A
2. B A D C

3. B C A D
4. B D A C
5. C A B D

빈칸 채우기

1. 我新换了一个彩铃，你听听好不好听。

2. 这里太吵了，我们到别的地方去吧。

3. 这个周末我们去雪岳山欣赏雪景吧。

4. 为了孩子上学的问题，我从安山搬到了首尔。

5. 我不太懂音乐，可以说是个外行。

6. 我对运动不感兴趣，你呢？

7. 我学汉语没多长时间，所以说得不太好。

8. 我刚到中国的时候很不习惯，现在好多了。

9. 我买了台新电脑，你能不能帮我安一下？

10. 你能不能详细说明一下？

11. 按我说的做，没错。

13 我已经等了你半个小时了。

어휘 플러스

1. D B A C
2. B D A C
3. B A D C
4. C A B D
5. B A D C

빈칸 채우기

1. 汽车好像没油了，得去加油站加油。

2. 出去玩儿当然可以，但是不能耽误学习。

3. 我跟朋友约好了下午两点在电影院门口见面。

4. 这个表怎么不走了？是不是该换电池了？

5. 我这个人啊，没什么大的毛病，就是爱喝酒。

6. 他有可能不知道这件事。

7. 现在11点多一点儿，也许还来得及坐末班车。

8. 现在去可能会堵车，要不我们明天再去吧。

9. 这附近有没有大型超市？

10. 每天上下班的时候，你坐几路公共汽车？

11. 我家离2号地铁站很近，走路大概5分钟。

8. 妈妈，我觉得爸爸今天有点儿奇怪。

9. 难道你真的不知道吗？

10. 我已经把空调修好了，你试试看。

11. 我又不是故意的，你不要怪我好不好。

14 车怎么还不来啊？

어휘 플러스

1. C B D A   2. B C A D
3. B A D C   4. B A C D
5. D C B A

15 你换车了？

어휘 플러스

1. D A B C   2. B C D A
3. B A D C   4. D C B A
5. B A D C

16 你把资料放在我的桌子上吧？

어휘 플러스

1. B A D C   2. B A D C
3. B A D C   4. B A D C
5. B A C D

빈칸 채우기

1. 你要的东西我已经弄好了，你来拿吧。

2. 我吩咐你做的事情千万不要忘了。

3. 你先把菜单拿过来给我看看。

4. 你去中国出差的时候顺便给我买一瓶中国酒，好吗？

5. 小姐，先来两瓶啤酒，菜等一会儿再上也可以。

6. 你不看电视的话就把电视关了吧。

7. 你不要动我桌子上的东西，听见了吗？

필수 여행
중국어 회화

저자 이명순

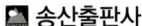 송산출판사

목/차

Bù pà xué le bú yòng,
不 怕 学 了 不 用,
배워서 써먹지 않는 것은 두렵지 않지만,

jiù pà yòng shí bù néng.
就 怕 用 时 不 能。
필요할 때 능력이 없어서 못하는 것은 두렵다.

기내 및 공항에서

기내 서비스를 요청할 때

1

아가씨, 미안하지만 한국 신문 한 부 주세요.

Xiǎojie, máfan nǐ gěi wǒ yì zhāng Hánwén bàozhǐ.
小姐, 麻烦 你 给 我 一 张 韩文 报纸。

2

아가씨, 담요 있습니까?

Xiǎojie, yǒu mei yǒu mántǎn?
小姐, 有 没 有 毛毯?

3

비행기에서 면세품을 판매합니까?

Zài fēijī shang mài miǎnshuì shāngpǐn ma?
在 飞机 上 卖 免税 商品 吗?

4

비행 시간이 대략 얼마입니까?

Dàgài fēixíng duō cháng shíjiān?
大概 飞行 多 长 时间?

5

비행기는 몇 시 베이징에 도착합니까?

Fēijī jǐ diǎn dàodá Běijīng?
飞机 几 点 到达 北京?

6

현지 기온은 얼마입니까?

Dāngdì qìwēn shì duōshao dù?
当地 气温 是 多少 度?

기내식

1 어떤 음료수를 드릴까요?

Nín yào shénme yǐnliào?
您 要 什么 饮料?

2 오렌지 주스를 주세요.

Wǒ yào chéngzhīr.
我 要 橙汁儿。

3 커피를 드릴까요?

Nín yào kāfēi ma?
您 要 咖啡 吗?

4 감사합니다. 됐습니다.

Xièxie, bú yào le.
谢谢, 不 要 了。

5 죄송한데요, 물 좀 더 주실래요?

Máfan nǐ zài gěi wǒ lái diǎnr shuǐ hǎo ma?
麻烦 你 再 给 我 来 点儿 水 好 吗?

6 아가씨, 맥주 한 캔 더 주세요.

Xiǎojie, zài lái yì tīng píjiǔ.
小姐, 再 来 一 听 啤酒。

1

미국에 무엇을 하러 가십니까?

Nǐ qù Měiguó gàn shénme?
你 去 美国 干 什么?

2

미국에서 얼마간 체류하실 겁니까?

Nǐ dǎsuan zài Měiguó tíngliú duō cháng shíjiān?
你 打算 在 美国 停留 多 长 时间?

3

미국에서의 연락처를 적어 주세요.

Qǐng nǐ xiě yíxià zài Měiguó de liánxì diànhuà.
请 你 写 一下 在 美国 的 联系 电话。

4

마중 나오는 사람이 있으세요?

Yǒurén lái jiēzhàn ma?
有人 来 接站 吗?

5

선생님, 당신의 비자가 기한이 지났습니다.

Xiānsheng, nǐ de qiānzhèng guòqī le.
先生, 你 的 签证 过期 了。

6

여권 상의 사진은 언제 찍은 것입니까?

Nín hùzhào shang de zhàopiàn shì shénme shíhou zhào de?
您 护照 上 的 照片 是 什么 时候 照 的?

수하물 처리

1

KU 5408편은 어디에서 짐을 찾습니까?

KU wǔsìlíngbā cì hángbān zài nǎr qǔ xíngli?
KU 5408 次 航班 在 哪儿 取 行李?

2

말씀 좀 여쭙겠는데요, 카트는 어디에 있습니까?

Qǐngwèn yíxià, tuīchē zài nǎr?
请问 一下, 推车 在 哪儿?

3

제 짐이 하나 부족한 것 같은데요.

Wǒ de xíngli hǎoxiàng shǎo le yí jiàn.
我 的 行李 好像 少 了 一 件。

4

제 짐이 안 보입니다.

Wǒ de xíngli bú jiàn le.
我 的 行李 不 见 了。

5

제 짐이 흩어졌는데, 묶어 줄 수 있나요?

Wǒ de xíngli sǎn le, néng bu néng gěi dǎ yíxià?
我 的 行李 散 了, 能 不 能 给 打 一下?

6

제 짐이 부서졌습니다.

Wǒ de xíngli bèi shuāi huài le.
我 的 行李 被 摔 坏 了。

1

이 안에는 무슨 물건이 있습니까?

Zhè lǐbian shì shénme dōngxi?

这 里边 是 什么 东西?

2

당신의 슈트케이스를 열어주세요.

Qǐng nǐ dǎkāi yíxià nǐ de shǒutíxiāng.

请 你 打开 一下 你 的 手提箱。

3

이것은 제가 평소에 먹는 약입니다.

Zhè shì wǒ píngshí chī de yào.

这 是 我 平时 吃 的 药。

4

이것은 친구에게 주는 선물입니다.

Zhè shì wǒ péngyou sòng gěi wǒ de lǐwù.

这 是 我 朋友 送 给 我 的 礼物。

5

이 물건들은 새것이 아니라 모두 쓰던 것입니다.

Zhè xiē dōngxi bú shì xīn de, dōu shì yòng guo de.

这 些 东西 不 是 新 的, 都 是 用 过 的。

6

죄송합니다, 이러한 물건들은 휴대할 수 없다는 것을 몰랐습니다.

Duìbuqǐ, wǒ bù zhīdào zhè xiē dōngxi bù kěyì dài.

对不起, 我 不 知道 这 些 东西 不 可以 带。

1

인민폐를 바꾸려고 합니다.

Wǒ yào huàn rénmínbì.

我 要 换 人民币。

2

얼마나 바꾸려고 합니까?

Nǐ yào huàn duōshao?

你 要 换 多少?

3

2만 위앤을 바꾸려고 합니다.

Wǒ yào huàn liǎng wàn yuán.

我 要 换 两 万 元。

4

50위앤 짜리 10장과 10위앤 짜리 10장을 주세요.

Wǒ yào shí zhāng wǔshí yuán de hé shí zhāng shí yuán de.

我 要 十 张 五十 元 的 和 十 张 十 元 的。

5

죄송합니다, 우리 이곳에는 100위앤 짜리 밖에 없습니다.

Bùhǎoyìsi, wǒmen zhèli zhǐ yǒu yì bǎi yuán de.

不好意思, 我们 这里 只 有 一 百 元 的。

6

1인당 최대 얼마를 바꿀 수 있습니까?

Yí ge rén zuì duō kěyǐ huàn duōshao?

一 个 人 最 多 可以 换 多少?

1

호텔까지 얼마나 걸립니까?

Dào jiǔdiàn yào duō cháng shíjiān?
到 酒店 要 多 长 时间?

2

차가 안 막히면 대략 한 시간 정도 걸립니다.

Bù sāichē dehuà dàgài yào yí ge xiǎoshí zuǒyòu.
不 塞车 的话 大概 要 一 个 小时 左右。

3

우리가 숙박하고 있는 호텔은 몇 성 급입니까?

Wǒmen zhù de jiǔdiàn shì jǐ xīng jí de?
我们 住 的 酒店 是 几 星 级 的?

4

우리가 숙박하고 있는 호텔은 5성 급입니다.

Wǒmen zhù de jiǔdiàn shì wǔxīngjí de.
我们 住 的 酒店 是 五星级 的。

5

두 사람이 한 방을 씁니다.

Liǎng ge rén yòng yí ge fángjiān.
两 个 人 用 一 个 房间。

6

내일의 일정에 대해 소개 좀 해 주세요.

Qǐng gěi wǒmen jièshào yíxià míngtiān de rìchéng ānpái.
请 给 我们 介绍 一下 明天 的 日程 安排。

호텔에서

1

당신네 쪽으로 가려고 하는데요, 어떻게 가는지 좀 알려 주세요.

Wǒ yào qù nǐmen nàr, qǐng gàosu wǒ zěnme zǒu.
我 要 去 你们 那儿, 请 告诉 我 怎么 走。

2

지하철 1호선을 타고 4번 출구로 나오세요.

Nǐ kěyǐ zuò yī hào dìtiě, cóng sì hào chūkǒu chūlai.
你 可以 坐 一 号 地铁, 从 4 号 出口 出来。

3

우리 호텔은 롯데백화점 10층에 있습니다.

Wǒmen jiǔdiàn zài Lètiān bǎihuòdàlóu de shí lóu.
我们 酒店 在 乐天 百货大楼 的 10 楼。

4

방 두 개를 예약하려고 합니다.

Wǒ xiǎng yùdìng liǎng ge fángjiān.
我 想 预定 两 个 房间。

5

원룸 하나 스위트룸 하나 주세요.

Yào yí ge biāozhǔnjiān yí ge háohuá tàojiān.
要 一 个 标准间 一 个 豪华 套间。

6

8일부터 10일까지 3박 할겁니다.

Cóng bā hào dào shí hào zhù sān xiǔ.
从 8 号 到 10 号 住 三 宿。

1

어제 방 두개를 예약했는데요, 확인 좀 부탁드릴게요.

Zuótiān wǒ yùdìng le liǎng ge fángjiān, máfan nǐ quèrèn yíxià.

昨天 我 预定 了 两 个 房间, 麻烦 你 确认 一下。

2

보증금을 얼마 내야 합니까?

Děi jiāo duōshao yājīn?

得 交 多少 押金?

3

현찰이 그렇게 많이 없는데요, 신용카드를 사용할 수 있습니까?

Wǒ méi yǒu nàme duō xiànjīn, kěyǐ yòng xìnyòngkǎ ma?

我 没 有 那么 多 现金, 可以 用 信用卡 吗?

4

바다를 볼 수 있는 룸으로 주세요.

Wǒ xiǎng yào néng kàn dào dàhǎi de fángjiān.

我 想 要 能 看 到 大海 的 房间。

5

이것은 방 키와 식권입니다. 잘 넣어두세요.

Zhè shì nín de fángkǎ hé cānquàn, qǐng ná hǎo.

这 是 您 的 房卡 和 餐券, 请 拿 好。

6

말씀 좀 여쭙겠는데요, 방에 금고가 있습니까?

Qǐngwèn, fángjiān li yǒu bǎoxiǎnxiāng ma?

请问, 房间 里 有 保险箱 吗?

1

번거롭지만 내일 아침 6시에 깨워 주세요.

Máfan nǐ míngzǎo liù diǎn jiào xǐng wǒ.
麻烦 你 明早 六 点 叫 醒 我。

2

이곳은 세탁 서비스를 제공합니까?

Nǐmen zhèli yǒu mei yǒu xǐyī fúwù?
你们 这里 有 没 有 洗衣 服务?

3

죄송한데요, 아침 식사를 방까지 배달해 주실래요?

Máfan nǐ bǎ zǎocān sòng dào fángjiān li lái hǎo ma?
麻烦 你 把 早餐 送 到 房间 里 来 好 吗?

4

마른 수건 하나 부탁드립니다.

Máfan nǐ gěi wǒ sòng yì tiáo gān máojīn.
麻烦 你 给 我 送 一 条 干 毛巾。

5

키를 깜박했는데요, 문을 좀 열어주세요.

Wǒ wàng le dài yàoshi, máfan nǐ gěi kāi yíxià mén.
我 忘 了 带 钥匙, 麻烦 你 给 开 一下 门。

6

발마사지를 받고 싶은데요, 아가씨 한 명을 불러 주세요.

Wǒ xiǎng zuò zúdǐ ànmó, máfan nǐ gěi wǒ jiào yí wèi xiǎojie.
我 想 做 足底 按摩, 麻烦 你 给 我 叫 一 位 小姐。

기타 부탁을 할 때

1 이곳에서 달러를 바꿀 수 있습니까?

Zài nǐmen zhèr kěyǐ huàn měiyuán ma?
在 你们 这儿 可以 换 美元 吗?

2 죄송한데요, 택시 한 대를 불러 주실래요?

Fáfan nǐ gěi wǒ jiào liàng chūzūchē hǎo ma?
麻烦 你 给 我 叫 辆 出租车 好 吗?

3 이곳에 공항 리무진버스 정류장이 있습니까?

Jīchǎng dàbā zài zhèli yǒu mei yǒu zhàndiǎnr?
机场 大巴 在 这里 有 没 有 站点儿?

4 이 호텔에서는 비행기표를 대행해 주십니까?

Nǐmen jiǔdiàn gěi dài mǎi fēijīpiào ma?
你们 酒店 给 代 买 飞机票 吗?

5 이곳에 짐을 보관할 수 있습니까?

Zhèli kěyǐ jìcún xíngli ma?
这里 可以 寄存 行李 吗?

6 오늘 저를 찾아 온 사람이 없었습니까?

Jīntiān yǒurén lái zhǎo wǒ ma?
今天 有人 来 找 我 吗?

1 방 안에서 국제전화를 할 수 있습니까?

Zài fángjiān li kěyǐ dǎ guójì diànhuà ma?

在 房间 里 可以 打 国际 电话 吗?

2 우선 0번을 누르시고, 그 다음 상대방 전화번호를 누르십시오.

Qǐng nín xiān bō líng, ránhòu zài àn duìfāng diànhuà hàomǎ.

请 您 先 拨 零, 然后 再 按 对方 电话 号码。

3 아침 식사는 몇 시부터 제공합니까?

Zǎocān jǐ diǎn kāishǐ gōngyìng?

早餐 几 点 开始 供应?

4 이곳에 한국 요리가 있습니까?

Nǐmen zhèli yǒu hánguó liàolǐ ma?

你们 这里 有 韩国 料理 吗?

5 사우나의 영업 시간은 몇 시부터 몇 시입니까?

Xǐyùzhōngxīn yíngyè shíjiān shì cóng jǐ diǎn dào jǐ diǎn?

洗浴中心 营业 时间 是 从 几 点 到 几 点?

6 금고가 열리지 않습니다, 사람을 보내 좀 봐 주실래요?

Bǎoxiǎnxiāng dǎ bu kāi le, pài rén lái kàn yí kàn hǎo ma?

保险箱 打 不 开 了, 派 人 来 看 一 看 好 吗?

예약을 변경할 때

1

여보세요, 안녕하세요! 힐튼호텔입니까?

Wèi, nǐhǎo! Shì Xī'ěrdùn jiǔdiàn ma?

喂，你好！是 希尔顿 酒店 吗?

2

제가 도와드릴 일 있습니까?

Nín yǒu shénme shìqing xūyào wǒ bāngmáng ma?

您 有 什么 事情 需要 我 帮忙 吗?

3

어제 제가 방을 세 개 예약했습니다.

Zuótiān wǒ yùdìng le sān ge fángjiān.

昨天 我 预定 了 三 个 房间。

4

그런데 지금 두 개만 필요합니다.

Dàn wǒ xiànzài zhǐ xūyào liǎng ge fángjiān.

但 我 现在 只 需要 两 个 房间。

5

그리고 입실 시간도 변경이 있습니다.

Lìngwài rùzhù shíjiān yě yǒu biànhuà.

另外 入住 时间 也 有 变化。

6

원래는 3박 하려고 했는데요, 지금은 4박 하려고 합니다.

Wǒ yuánlái dǎsuan zhù sān xiǔ, dàn xiànzài xiǎng zhù sì xiǔ.

我 原来 打算 住 3 宿, 但 现在 想 住 4 宿。

1

제 지갑이 보이지 않습니다.

Wǒ de qiánbāo bú jiàn le.

我 的 钱包 不 见 了。

2

제 방은 뜨거운 물이 안 나옵니다.

Wǒ de fángjiān bù chū rèshuǐ.

我 的 房间 不 出 热水。

3

저희 방의 에어컨이 고장 난 것 같습니다.

Wǒmen fángjiān de kōngtiáo hǎoxiàng huài le.

我们 房间 的 空调 好像 坏 了。

4

이불 한 채를 더 주실 수 있습니까?

Nǐmen néng bu néng gěi jiā yì chuáng bèizi?

你们 能 不 能 给 加 一 床 被子?

5

아이가 있어서 그러는데요, (간이)침대 하나 부탁드리려고요.

Wǒ yǒu ge háizi, suǒyǐ xiǎng jiā yì zhāng chuáng.

我 有 个 孩子, 所以 想 加 一 张 床。

6

이 계산서가 잘못 된 것 같습니다. 저는 맥주를 안 마셨거든요.

Zhè ge zhàngdān hǎoxiàng bú duì, wǒ méi hē píjiǔ.

这 个 账单 好像 不 对, 我 没 喝 啤酒。

1

아가씨, 체크아웃을 하려고합니다.

Xiǎojie, wǒ yào tuìfáng.

小姐, 我 要 退房。

2

잠깐만 기다리세요, 우선 방을 한 번 검사해 봐야거든요.

Qǐng shāo děng, wǒmen děi xiān chá yíxià fáng.

请 稍 等, 我们 得 先 查 一下 房。

3

선생님, 당신의 방의 스탠드가 깨졌네요.

Xiānsheng, nǐmen fángjiān li de táidēng bèi dǎ suì le.

先生, 你们 房间 里的 台灯 被 打 碎 了。

4

죄송합니다. 저희 아이가 깨뜨렸습니다.

Bùhǎoyìsi, shì wǒ de háizi dǎ suì de.

不好意思, 是 我 的 孩子 打 碎 的。

5

그러시면 배상을 해야 합니다.

Nà nín děi péicháng sǔnshī.

那 您 得 赔偿 损失。

6

얼마를 배상해드려야 합니까?

Wǒ děi péi duōshao qián?

我 得 赔 多少 钱?

memo

교통

1

말씀 좀 여쭙겠는데요, 터미널은 여기에서 멉니까?

Qǐngwèn, kèyùnzhàn lí zhèr yuǎn bu yuǎn?

请问, 客运站 离 这儿 远 不 远?

2

그곳에 공항이 있습니까?

Nǐmen nàr yǒu jīchǎng ma?

你们 那儿 有 机场 吗?

3

톈앤진까지 가는 기차밖에 없으니, 썬양에서 차를 갈아타야 합니다.

Zhǐ yǒu zhídá Tiānjīn de huǒchē, suǒyǐ děi zài Shěnyáng dǎochē.

只 有 直达 天津 的 火车, 所以 得 在 沈阳 倒车。

4

이곳의 교통이 너무 불편합니다.

Zhèli jiāotōng tài bù fāngbiàn le.

这里 交通 太 不 方便 了。

5

교통 질서가 너무 문란합니다.

Jiāotōng zhìxù fēicháng hùnluàn.

交通 秩序 非常 混乱。

6

상하이에는 시속이 400킬로미터가 넘는 자기부상열차가 있습니다.

Shànghǎi yǒu shísù gāo dá sìbǎi duō gōnglǐ de cíxuánfú lièchē.

上海 有 时速 高达 400 多 公里 的 磁悬浮 列车。

길을 물을 때

1

말씀 좀 여쭙겠는데요, 까르푸에 가려면 어떻게 가야 합니까?

Qǐngwèn, qù Jiālèfú zěnme zǒu?

请问, 去 家乐福 怎么 走?

2

앞으로 곧장 가다가, 다시 우측으로 도세요.

Yìzhí wǎng qián zǒu, ránhòu zài wǎng yòu guǎi.

一直 往 前 走, 然后 再 往 右 拐。

3

이곳에서 멉니까?

Lí zhèr yuǎn bu yuǎn?

离 这儿 远 不 远?

4

그다지 멀지 않습니다, 걸어서 대략 10분 정도 걸립니다.

Bú tài yuǎn, zǒulù dàgài shí fēnzhōng.

不 太 远, 走路 大概 十 分钟。

5

말씀 좀 여쭙겠는데요, 이 버스가 신세계백화점까지 갑니까?

Qǐngwèn, zhè lù chē dào Xīnshìjiè bǎihuò shāngdiàn ma?

请问, 这 路 车 到 新世界 百货 商店 吗?

6

버스를 타도 되고, 지하철을 타도 됩니다.

Nǐ kěyǐ zuò gōnggòng qìchē yě kěyǐ zuò dìtiě.

你 可以 坐 公共 汽车 也 可以 坐 地铁。

비행기를 이용할 때

1 창측의 좌석으로 주세요.

Wǒ yào kào chuāng de zuòwèi.
我 要 靠 窗 的 座位。

2 죄송한데요, 당신의 짐이 중량을 초과하였습니다.

Bùhǎoyìsi, nín de xíngli chāozhòng le.
不好意思, 您 的 行李 超重 了。

3 말씀 좀 여쭙겠는데요, MU 503편이 몇 시간 정도 연착되었습니까?

Qǐngwèn, MU wǔlíngsān cì hángbān wǎndiǎn duōcháng shíjiān?
请问, MU 503 次 航班 晚点 多长 时间?

4 인천으로 가는 비행기는 몇 번 탑승구에서 탑승합니까?

Fēiwǎng Rénchuān de fēijī zài jǐ hào dēngjīkǒu dēngjī?
飞往 仁川 的 飞机 在 几 号 登机口 登机?

5 말씀 좀 여쭙겠는데요, 비행기가 언제 이륙합니까?

Qǐngwèn, fēijī shénme shíhou néng qǐfēi?
请问, 飞机 什么 时候 能 起飞?

6 당신하고 좌석을 좀 바꿔도 되겠습니까?

Wǒ xiǎng gēn nín huàn yíxià zuòwèi kěyǐ ma?
我 想 跟 您 换 一下 座位 可以 吗?

1

모레 베이징으로 가는 기차표 두 장 주세요.

Wǒ yào liǎng zhāng hòutiān qù Běijīng de huǒchēpiào.

我 要 两 张 后天 去 北京 的 火车票。

2

죄송합니다, 우리 이곳에서는 오늘과 내일 표만 예매합니다.

Duìbuqǐ, wǒmen zhèli zhǐ yùshòu jīnmíng liǎng tiān de.

对不起, 我们 这里 只 预售 今明 两 天 的。

3

인터넷에서 예매하셔도 됩니다.

Nín kěyǐ zài wǎng shang yùdìng.

您 可以 在 网 上 预定。

4

말씀 좀 여쭙겠는데요, 식당칸이 몇 번 열차에 있습니까?

Qǐngwèn, cānchē zài jǐ hào chēxiāng?

请问, 餐车 在 几 号 车厢?

5

베이징 역에 몇 시 도착합니까?

Jǐ diǎn dàodá Běijīng huǒchēzhàn?

几 点 到达 北京 火车站?

6

침대칸이 있습니까?

Yǒu mei yǒu wòpùpiào?

有 没 有 卧铺票?

버스를 이용할 때

1

말씀 좀 여쭙겠는데요, 기차역에 가려면 몇 번 버스를 타야 합니까?

Qǐngwèn, qù huǒchēzhàn děi zuò jǐ lù chē?

请问, 去 火车站 得 坐 几 路 车?

2

톈안먼 광장까지 몇 정류장 남았습니까?

Dào Tiān'ānmén guǎngchǎng hái yǒu jǐ zhàn?

到 天安门 广场 还 有 几 站?

3

말씀 좀 여쭙겠는데요, 교통카드는 어디에서 판매합니까?

Qǐngwèn, nǎr mài jiāotōngkǎ?

请问, 哪儿 卖 交通卡?

4

이 버스의 막차 시간은 몇 시입니까?

Zhè lù chē mòbānchē shì jǐ diǎn?

这 路 车 末班车 是 几 点?

5

이 차는 몇 분에 한 번 있습니까?

Nǐmen zhè lù chē jǐ fēnzhōng yí tàng?

你们 这 路 车 几 分钟 一 趟?

6

잘못 탔네요, 길 건너편에서 차를 타야 하는데.

Nǐ zuò fǎn le, nǐ yīnggāi zài mǎlù dùimiàn zuòchē.

你 坐 反 了, 你 应该 在 马路 对面 坐车。

택시를 이용할 때

1

공항에 가려고 합니다.

Wǒ yào qù jīchǎng.
我 要 去 机场。

2

앞에 사거리에서 차를 세워 주시면 됩니다.

Zài qiánmiàn de shízì lùkǒu tíng chē jiù kěyǐ le.
在 前面 的 十字 路口 停 车 就 可以 了。

3

저는 난찡로에서 내릴 것이고요, 제 친구는 베이징로까지 갈 겁니다.

Wǒ zài Nánjīnglù xiàchē, wǒ péngyou qù Běijīnglù.
我 在 南京路 下车, 我 朋友 去 北京路。

4

아저씨, 영수증을 주세요.

Shīfu, qǐng gěi wǒ shōujù.
师傅, 请 给 我 收据。

5

신용카드로 결재하실 겁니까 아니면 현금입니까?

Shuākǎ háishi xiànjīn?
刷卡 还是 现金?

6

죄송한데요, 택시 한 대를 좀 불러 주실래요?

Máfan nǐ bāng wǒ jiào liàng chūzūchē hǎo ma?
麻烦 你 帮 我 叫 辆 出租车 好 吗?

1

뚱창로, 한 장, 얼마입니까?

Dōngchānglù, yì zhāng, duōshao qián?

东昌路, 一 张, 多少 钱?

2

말씀 좀 여쭙겠는데요, 쉬쟈훼이에 가려면 몇 번 지하철을 타야 합니까?

Qǐngwèn, qù Xújiāhuì děi zuò jǐ hào dìtiě?

请问, 去 徐家汇 得 坐 几 号 地铁?

3

쭝산공원에서 가려면 어디에서 차를 갈아타야 합니까?

Qù Zhōngshān gōngyuánr děi zài nǎr dǎochē?

去 中山 公园儿 得 在 哪儿 倒车?

4

찡안사찰까지 몇 정류장 남았습니까?

Dào Jìng'ānsì hái yǒu jǐ zhàn?

到 静安寺 还 有 几 站?

5

말씀 좀 여쭙겠는데요, 매표소가 어디에 있습니까?

Qǐngwèn, shòupiàochù zài nǎr?

请问, 售票处 在 哪儿?

6

당신의 회사에 가려면 몇 번 출구로 나가야 합니까?

Qù nǐmen gōngsī děi cóng jǐ hào chūkǒu chūqu?

去 你们 公司 得 从 几 号 出口 出去?

1

미니 버스 한 대를 대여하려고 합니다.

Wǒ xiǎng zūyòng yí liàng miànbāochē.

我 想 租用 一 辆 面包车。

2

며칠 간 쓰실겁니까?

Nǐ xiǎng yòng jǐ tiān?

你 想 用 几 天?

3

이틀 간 쓰려고요.

Wǒ xiǎng yòng liǎng tiān.

我 想 用 两 天。

4

기사가 필요합니까?

Xū bu xūyào sījī?

需 不 需要 司机?

5

당연히 필요하죠. 기사 포함하여 하루에 얼마입니까?

Dāngrán xūyào la. Bāokuò sījī yì tiān duōshao qián?

当然 需要 啦。包括 司机 一 天 多少 钱?

6

하루 10시간에 700위앤이고요, 10시간 초과하면 별도로 돈을 받습니다.

Yì tiān shí xiǎoshí qībǎi yuán, chāoguò shí xiǎoshí lìngwài shōufèi.

一 天 十 小时 700 元, 超过 十 小时 另外 收费。

1

오늘 따랜까지 가는 배가 있습니까?

Jīntiān yǒu dào Dàlián de chuán ma?

今天 有 到 大连 的 船 吗?

2

있습니다, 몇 등 석을 원하십니까?

Yǒu, nǐ yào jǐ děng cāng?

有, 你 要 几 等 舱?

3

일등석 세 장을 주세요.

Wǒ yào sān zhāng tóu děng cāng.

我 要 三 张 头 等 舱。

4

말씀 좀 여쭙겠는데요, 여기에서 따랜까지 얼마나 걸립니까?

Qǐngwèn, cóng zhèr dào Dàlián yào duōcháng shíjiān?

请问, 从 这儿 到 大连 要 多长 时间?

5

대략 19시간 정도 걸립니다.

Dàgài yào shíjiǔ ge xiǎoshí zuǒyòu.

大概 要 19 个 小时 左右。

6

말씀 좀 여쭙겠는데요, 배멀미약을 어디에서 팝니까?

Qǐngwèn, nǎr mài yùnchuányào?

请问, 哪儿 卖 晕船药?

자전거를 빌려 탈 때

1

자전거 한 대를 빌리는데 얼마입니까?

Zū yí liàng zìxíngchē duōshao qián?

租 一 辆 自行车 多少 钱?

2

하루에 20위앤입니다.

Yì tiān èrshí yuán.

一 天 20 元。

3

한 달을 빌리면 할인해 줍니까?

Zū yí ge yuè gěi bu gěi dǎzhé?

租 一 个 月 给 不 给 打折?

4

한 달을 빌리면 30% 할인해드립니다.

Zū yí ge yuè kěyǐ dǎ qī zhé.

租 一 个 月 可以 打 七 折。

5

어떤 수속을 해야 합니까?

Xūyào bàn nǎ xiē shǒuxù?

需要 办 哪 些 手续?

6

보증금 500위앤만 내시면 됩니다.

Jiāo wǔbǎi yuán yājīn jiù kěyǐ le.

交 500 元 押金 就 可以 了。

memo

식사

1

당신을 환영하기 위하여 제가 오늘 저녁에 식사 대접을 할게요.

Jīnwǎn wǒ wèi nǐ jiē fēng xǐ chén.
今晚 我 为 你 接 风 洗 尘。

2

오리구이 요리가 나왔네요, 여러분 뜨거울 때 드십시오.

Kǎoyā lái le, dàjiā chèn rè chī ba.
烤鸭 来 了, 大家 趁 热 吃 吧。

3

당신은 너무 짜게 드십니다.

Nǐ de kǒu tài zhòng le.
你 的 口 太 重 了。

4

우리 식사하면서 얘기를 나눕시다.

Wǒmen biān chī biān liáo ba.
我们 边 吃 边 聊 吧。

5

천하에 이별이 없는 연회는 없는 법이니, 근간 또 만납시다.

Tiānxià méi yǒu bú sàn de yànxí, hòu huì yǒu qī.
天下 没 有 不 散 的 宴席, 后 会 有 期。

6

술은 마음이 맞는 사람과 마시면 천 잔으로도 모자란다.

Jiǔ féng zhījǐ qiān bēi shǎo.
酒 逢 知己 千 杯 少。

1

룸을 하나 예약하려고 합니다.

Wǒ xiǎng dìng ge bāojiān.

我 想 定 个 包间。

2

언제요? 몇 분이십니까?

Shénme shíhou? Jǐ wèi?

什么 时候? 几 位?

3

내일 저녁 7시, 9명이요.

Míngwǎn qī diǎn, jiǔ wèi.

明晚 七 点, 九 位。

4

죄송합니다, 룸은 없고요, 홀만 있습니다.

Bùhǎoyìsi, méi yǒu bāojiān, zhǐyǒu dàtáng.

不好意思, 没 有 包间, 只有 大堂。

5

홀도 괜찮아요, 좀 조용한 곳으로 해 주시면 좋겠습니다.

Dàtáng yě kěyǐ, zuìhǎo yào ānjìng yìdiǎnr de dìfang.

大堂 也 可以, 最好 要 安静 一点儿 的 地方。

6

그곳의 룸은 몇 명을 수용할 수 있습니까?

Nǐmen de bāojiān néng róngnà duōshao rén?

你们 的 包间 能 容纳 多少 人?

식당을 찾을 때

1

샤오난꾸어 식당에 가려면 어떻게 가야하는지 아십니까?

Nǐ   zhīdào Xiǎonánguó fàndiàn zěnme zǒu   ma?
你 知道 小南国 饭店 怎么 走 吗?

2

여보세요, 샤오난꾸어입니까? 그곳에 가려고 하는데요.

Wèi, shì Xiǎonánguō ma? Wǒ xiǎng qù nǐmen   nàli.
喂, 是 小南国 吗? 我 想 去 你们 那里。

3

운전해서 오실 겁니까 아니면 버스를 타고 오실 겁니까?

Nín shì kāichē lái   háishi zuò gōngjiāochē?
您 是 开车 来 还是 坐 公交车?

4

운전해서 가려고요, 어떻게 가야 하는지 좀 알려 주세요.

Wǒ kāichē qù, qǐng gàosu wǒ zěnme zǒu.
我 开车 去, 请 告诉 我 怎么 走。

5

저희 식당은 푸뚱대로와 푸난대로 교차 지점에 있습니다.

Wǒmen fàndiàn zài Pǔdōngdàdào hé   Pǔdōngnánlù jiāochāchù.
我们 饭店 在 浦东大道 和 浦东南路 交叉处。

6

저희 식당은 푸파은행 4층에 있습니다.

Wǒmen fàndiàn zài Pǔfāyínháng   de   sì   lòu.
我们 饭店 在 浦发银行 的 四 楼。

식사에 초대할 때

1

당신을 저희 크리스마스 파티에 초대하려고 합니다.

Wǒ xiǎng yāoqǐng nǐ cānjiā wǒmen de Shèngdàn wǎnhuì.

我 想 邀请 你 参加 我们 的 圣诞 晚会。

2

당신의 초대에 감사드립니다. 꼭 참석하겠습니다.

Xièxie nǐ de yāoqǐng, wǒ yídìng cānjiā.

谢谢 你 的 邀请, 我 一定 参加。

3

오늘 저녁에 무슨 스케줄이 있습니까?

Jīnwǎn nǐ yǒu shénme ānpái ma?

今晚 你 有 什么 安排 吗?

4

아직은 없는데요. 무슨 일 있습니까?

Zànshí hái méi yǒu. Nǐ yǒu shénme shìr?

暂时 还 没 有。你 有 什么 事儿?

5

당신을 저희 집으로 초대하여 식사 대접을 하려고요.

Wǒ xiǎng qǐng nǐ dào wǒ jiā chī dùn biànfàn.

我 想 请 你 到 我 家 吃 顿 便饭。

6

친구네 집에 갈 때 어떤 선물을 가지고 가야 합니까?

Qù péngyou jiā zuòkè děi dài shénme lǐwù?

去 朋友 家 做客 得 带 什么 礼物?

메뉴를 읽는 법

1

우선 메뉴판을 좀 보고, 있다가 주문하겠습니다.

Wǒmen xiān kàn kan càidān, děng huìr zài diàncài.

我们 先 看 看 菜单, 等 会 儿 再 点菜。

2

이곳의 간판 요리는 무엇입니까?

Nǐmen zhèr de zhāopáicài shì shénme?

你们 这儿 的 招牌菜 是 什么?

3

전복은 왜 가격 표시가 안 되어 있습니까?

Bàoyú zěnme méi biāo jiàgé?

鲍鱼 怎么 没 标 价格?

4

전복의 시가는 1킬로그램에 460위앤입니다.

Xiànzài bàoyú shíjià shì yì gōngjīn sìbǎiliùshí yuán.

现在 鲍鱼 时价 是 一 公斤 460 元。

5

주식은 어떤 것들이 있습니까?

Dōu yǒu nǎ xiē shǔshí?

都 有 哪 些 主食?

6

아가씨, 저희에게 요리 하나 추천해 주세요.

Xiǎojie, nǐ gěi wǒmen tuījiàn yí dào cài ba.

小姐, 你 给 我们 推荐 一 道 菜 吧。

요리를 주문할 때

1 요리를 할 때 고수나물을 넣지 마십시오.

Zuòcài de shíhou qǐng bú yào fàng xiāngcài.

做菜 的 时候 请 不 要 放 香菜。

2 이곳은 해물 요리를 잘 합니까?

Nǐmen zhèli de hǎixiān zuò de zěnmeyàng?

你们 这里 的 海鲜 做 得 怎么样?

3 이 요리는 무엇으로 만드셨습니까?

Zhè ge cài shì yòng shénme zuò de?

这 个 菜 是 用 什么 做 的?

4 요리 네 개면 충분합니다, 더 시키지 마십시오.

Sì ge cài gòu chī le, bú yào zài diǎn le.

四 个 菜 够 吃 了, 不 要 再 点 了。

5 우선 요리부터 주시고, 식사와 탕은 나중에 주세요.

Xiān shàng cài, mǐfàn he tāng guò huìr zài shàng.

先 上 菜, 米饭 和 汤 过 会儿 再 上。

6 야채 요리를 하나 더 시킵시다.

Zài diǎn ge qīngcài ba.

再 点 个 青菜 吧。

1

아가씨, 술과 음료수 메뉴판을 주세요.

Xiǎojie, qǐng gěi wǒ ná jiǔshuǐdān.

小姐，请 给 我 拿 酒水单。

2

우선 뜨거운 차 좀 주세요.

Xiān lái yì hú rèchá.

先 来 一 壶 热茶。

3

어떤 양주가 있습니까?

Yǒu shénme yángjiǔ?

有 什么 洋酒?

4

수박 주스는 지금 (수박을) 짜서 만든 겁니까?

Xīguāzhīr shì xiàn zhà de ma?

西瓜汁儿 是 现 榨 的 吗?

5

배갈 한 병 더 주세요.

Zài lái yì píng báijiǔ.

再 来 一 瓶 白酒。

6

맥주는 시원한 것으로 주세요.

Píjiǔ yào bīngzhèn de.

啤酒 要 冰镇 的。

식사할 때

1

정말 맛있네요!

Zhēn hǎochī !

真 好吃!

2

이 요리의 맛이 괜찮네요.

Zhè dào cài wèidao búcuò.

这 道 菜 味道 不错。

3

사양하지 마시고, 많이 드십시오.

Bù yào kèqi, duō chī diǎnr.

不 要 客气, 多 吃 点儿。

4

당신의 입맛에 맞는지 모르겠습니다.

Bù zhīdào hé bu hé nǐ de kǒuwèi.

不 知道 合 不 合 你 的 口味。

5

맛있게 드셨습니까?

Chī hǎo le ma?

吃 好 了 吗?

6

배가 이미 불렀습니다. 더는 먹을 수 없습니다.

Wǒ yǐjīng chī bǎo le, bù néng zài chī le.

我 已经 吃 饱 了, 不 能 再 吃 了。

1

맥닭다리 햄버거 세트 하나 주세요.

Yào yí fènr màilàjītuǐ hànbǎo tàocān.
要 一 份儿 麦辣鸡腿 汉堡 套餐。

2

맥윙 하나 더 주세요.

Zài yào yí ge màilàjīchì.
再 要 一 个 麦辣鸡翅。

3

여기서 먹지 않고, 싸가지고 가려고 합니다.

Wǒ bú zài zhèli chī, yào dài zǒu.
我 不 在 这里 吃, 要 带 走。

4

딸기잼 좀 더 주실래요?

Zài gěi diǎnr cǎoméijiàng hǎo ma?
再 给 点儿 草莓酱 好 吗?

5

냅킨과 빨대는 어디에 있습니까?

Cānjīnzhǐ hé xīguǎn zài nǎli?
餐巾纸 和 吸管 在 哪里?

6

얼음을 좀 더 넣어 주실래요?

Zài gěi wǒ jiā diǎnr bīngkuàir hǎo ma?
再 给 我 加 点儿 冰块儿 好 吗?

계산할 때

1

아가씨, 계산요.

Xiǎojie, mǎidān.

小姐，买单。

2

말씀 좀 여쭙겠는데요, 계산은 어디에서 합니까?

Qǐngwèn, zài nǎli jiézhàng?

请问，在 哪里 结账?

3

명세서를 좀 보여주세요.

Qǐng gěi wǒ kàn yíxià zhàngdān.

请 给 我 看 一下 账单。

4

모두 얼마입니까?

Yígòng duōshao qián?

一共 多少 钱?

5

신용카드를 사용할 수 있습니까?

Kěyǐ yòng xìnyòngkǎ ma?

可以 用 信用卡 吗?

6

영수증을 발행해 주세요.

Qǐng gěi wǒ kāi yì zhāng fāpiào.

请 给 我 开 一 张 发票。

memo

쇼핑

1 싼 것이 비지떡이다.

Piányi méi hǎo huò, hǎo huò bù piányi.

便宜 没好 货, 好 货 不 便宜。

2 물건을 살 때, 여러 집 물건을 비교해 봐야 한다.

Mǎi dōngxi de shíhou, yào huò bǐ sān jiā.

买 东西 的 时候, 要 货 比 三 家。

3 충동구매를 하지 말아야 한다.

Bú yào chōngdòng xiāofèi.

不 要 冲动 消费。

4 그곳의 물가는 높습니까?

Nàr de wùjià gāo bu gāo?

那儿 的 物价 高 不 高?

5 외국에서 신용카드로 현금서비스를 받을 수 있습니까?

Zài guówài kěyǐ yòng xìnyòngkǎ tòuzhī ma?

在 国外 可以 用 信用卡 透支 吗?

6 외국에서 신용카드를 사용하면 수수료가 비쌉니까?

Zài guówài shǐyòng xìnyòngkǎ shǒuxùfèi guì bu guì?

在 国外 使用 信用卡 手续费 贵 不 贵?

상품을 고를 때

1

이곳의 물건이 너무 비싸네요!

Zhèli de dōngxi hǎo guì a!

这里 的 东西 好 贵 啊!

2

1전에 대하여는 1전짜리 물건(싼 것이 비지떡이다).

Yì fēn qián, yì fēn huò.

一 分 钱, 一 分 货。

3

이곳에서 물건을 산 다음 반품할 수 있습니까?

Zài zhèli mǎi dōngxi kěyǐ tuìhuò ma?

在 这里 买 东西 可以 退货 吗?

4

이 바지는 순면으로 만든 것입니까?

Zhè tiáo kùzi shì chúnmián de ma?

这 条 裤子 是 纯棉 的 吗?

5

이 실크 치마가 물에 줄어듭니까?

Zhè tiáo zhēnsī qúnzi suō bu suōshuǐ?

这 条 真丝 裙子 缩 不 缩水?

6

작은 사이즈가 있습니까?

Yǒu mei yǒu xiǎo hào de?

有 没 有 小 号 的?

가격을 깎을 때

1   이곳에서는 가격을 흥정할 수 있습니까?

Zhèli   kěyǐ   jiǎngjià   ma?
这里 可以 讲价 吗?

2   싸게 해 줄 수 있습니까?

Néng bu néng piányi   diǎnr?
能 不 能 便宜 点儿?

3   너무 비싸네요!

Tài   guì   le!
太 贵 了!

4   100원에 팔 겁니까?

Yì   bǎi   kuài qián mài   bu   mài?
一 百 块 钱 卖 不 卖?

5   제가 다른 곳에 좀 돌아볼게요.

Wǒ   zài   dào   biéde   dìfang zhuàn zhuan.
我 再 到 别的 地方 转 转。

6   두 벌 사면 싸게 해 줄 수 있습니까?

Mǎi liǎng jiàn néng   bu   néng   piányi   diǎnr?
买 两 件 能 不 能 便宜 点儿?

계산을 할 때

1 말씀 좀 여쭙겠는데요, 계산대가 어디에 있습니까?

Qǐngwèn, shōuyíntái zài nǎr?

请问, 收银台 在 哪儿?

2 우리 상점의 VIP카드 있으십니까?

Nǐ yǒu mei yǒu wǒmen shāngdiàn de jīnkǎ?

你 有 没 有 我们 商店 的 金卡?

3 VIP카드가 있으시면 10% 할인해 드립니다.

Yǒu jīnkǎ kěyǐ dǎ jiǔ zhé.

有 金卡 可以 打 九 折。

4 하나에 얼마입니까?

Yí ge duōshao qián?

一 个 多少 钱?

5 죄송한데요, 다른 카드 없습니까?

Bùhǎoyìsi, nín yǒu mei yǒu biéde xìnyòngkǎ?

不好意思, 您 有 没 有 别的 信用卡?

6 있습니다, 이 비자카드로 해 보세요.

Yǒu de, nǐ shì shi zhè zhāng VISA ba.

有 的, 你 试 试 这 张 VISA 吧。

1

당신 보기에 이 치마가 어때요?

Nǐ juéde zhè tiáo qúnzi zěnmeyàng?

你 觉得 这 条 裙子 怎么样?

2

모양이 괜찮네요, 아주 세련되어 보입니다.

Yàngzi búcuò, kànshangqu tǐng shímáo de.

样子 不错, 看上去 挺 时髦 的。

3

색이 너무 화려하지 않겠어요?

Yánsè huì bu huì tài yàn?

颜色 会 不 会 太 艳?

4

다른 색이 없습니까?

Yǒu mei yǒu biéde yánsè de?

有 没 有 别的 颜色 的?

5

제가 입어봐도 됩니까?

Wǒ kěyǐ shì shi ma?

我 可以 试 试 吗?

6

죄송합니다. T는 입어볼 수 없습니다.

Duìbuqǐ, T xùshān shì bù kěyǐ shì chuān de.

对不起, T恤衫 是 不 可以 试 穿 的。

1

이 핸드폰의 고리가 야광입니까?

Zhè ge shǒujī liànr shì yèguāng de ma?

这 个 手机 链儿 是 夜光 的 吗?

2

하얀 넥타이핀이 있습니까?

Yǒu mei yǒu báisè de lǐngdàijiā?

有 没 有 白色 的 领带夹?

3

이 작은 나무 인형이 얼마입니까?

Zhè ge xiǎomù'ǒu duōshao qián?

这 个 小木偶 多少 钱?

4

이 머리띠를 해 보고 싶은데, 가능한가요?

Wǒ xiǎng shì shi zhè ge fàqiǎ, kěyǐ ma?

我 想 试 试 这 个 发卡, 可以 吗?

5

보석함 하나를 사려고 합니다.

Wǒ xiǎng mǎi yí ge shǒushihé.

我 想 买 一 个 首饰盒。

6

검은 색으로 주세요.

Qǐng gěi wǒ ná hēisè de.

请 给 我 拿 黑色 的。

보석 매장에서

1 에머랄드 반지 하나를 사려고 합니다.

Wǒ xiǎng mǎi yí ge lǜbǎoshí jièzhi.

我 想 买 一 个 绿宝石 戒指。

2 이 진주 목걸이는 어떻게 팝니까?

Zhè ge zhēnzhū xiàngliàn zěnme mài?

这 个 珍珠 项链 怎么 卖?

3 옥팔찌는 저쪽에 있습니다.

Yùshǒuzhuó zài nàbian.

玉手镯 在 那边。

4 비취 목걸이가 더 예쁜 것 같은데요.

Wǒ juéde fěicuì xiàngliàn gèng hǎokàn.

我 觉得 翡翠 项链 更 好看。

5 지금은 백금을 사는 것이 유행입니다.

Xiànzài shíxīng mǎi báijīn jièzhi.

现在 时兴 买 白金 戒指。

6 저희 어머님께 금반지를 해드리려고 합니다.

Wǒ xiǎng gěi wǒ mā dǎ ge jīnjièzhi.

我 想 给 我 妈 打 个 金戒指。

특산품 매장에서

1
이곳은 어떤 특산품들이 있습니까?

Nǐmen zhèli dōu yǒu nǎ xiē tǔtèchǎn?
你们 这里 都 有 哪 些 土特产?

2
우리 이곳은 녹차와 홍차를 많이 생산합니다.

Wǒmen zhèli shèngchǎn lǜchá hé hóngchá.
我们 这里 盛产 绿茶 和 红茶。

3
이곳의 실크는 세계에서 유명합니다.

Zhèli de sīchóu zhùchēng yú shì.
这里 的 丝绸 著称 于 世。

4
이 실크 셔츠를 입어보세요.

Nín shì shi zhè jiàn zhēnsī chènshān.
您 试 试 这 件 真丝 衬衫。

5
저희 부모님께 선물을 좀 사드리려고 합니다.

Wǒ xiǎng gěi wǒ fùmǔ mǎi diǎnr lǐwù.
我 想 给 我 父母 买 点儿 礼物。

6
이 진주 목걸이가 어떤 것 같습니까?

Nín kàn zhè tiáo zhēnzhū xiàngliàn zěnmeyàng?
您 看 这 条 珍珠 项链 怎么样?

1

무엇을 사려고 합니까?

Nín xiǎng mǎi diǎnr shénme?

您 想 买 点儿 什么?

2

저의 부인(남편)에게 화장품 한 세트를 사 주려고 합니다.

Wǒ xiǎng gěi wǒ àiren mǎi yí tào huàzhuāngpǐn.

我 想 给 我 爱人 买 一 套 化妆品。

3

이것은 저희 회사의 신제품입니다.

Zhè shì wǒmen gōngsī de xīnchǎnpǐn.

这 是 我们 公司 的 新产品。

4

아이크림하고 립스틱을 사려고 합니다.

Wǒ hái xiǎng mǎi yǎnshuāng hé kǒuhóng.

我 还 想 买 眼霜 和 口红。

5

낮에 사용하는 크림을 사려고 합니까 나이트 크림을 사려고 합니까?

Nǐ yào rìshuāng háishi wǎnshuāng?

你 要 日霜 还是 晚霜?

6

썬크림 하나 주세요.

Qǐng gěi wǒ ná yí ge fángshàishuāng.

请 给 我 拿 一 个 防晒霜。

면세점에서

1 말씀 좀 여쭙겠는데요, 면세점이 어디에 있습니까?

Qǐngwèn, miǎnshuìdiàn zài nǎr?
请问, 免税店 在 哪儿?

2 당신의 여권과 티켓을 좀 보여 주세요.

Qǐng chūshì yíxià nín de hùzhào hé jīpiào.
请 出示 一下 您 的 护照 和 机票。

3 저 핸드백을 좀 봅시다.

Qǐng gěi wǒ kàn yíxià nà ge shǒutíbāo.
请 给 我 看 一下 那 个 手提包。

4 담배는 1인당 최대 몇 보루까지 살 수 있습니까?

Yí ge rén zuì duō kěyǐ mǎi jǐ tiáo yān?
一 个 人 最 多 可以 买 几 条 烟?

5 프랑스산 포도주가 있습니까?

Yǒu Fǎguó chǎn de pútaojiǔ ma?
有 法国 产 的 葡萄酒 吗?

6 샤넬 향수 하나 사려고 합니다.

Wǒ xiǎng mǎi yì píng Xiāngnài'ěr xiāngshuǐr.
我 想 买 一 瓶 香奈儿 香水儿。

memo

관광

관광지를 방문할 때

1

매표소가 어디에 있습니까?

Shòupiàochù zài nǎr?
售票处 在 哪儿?

2

여행 지도 한 장을 주세요.

Wǒ yào yì zhāng yóulǎntú.
我 要 一 张 游览图。

3

케이블카는 어디에서 탑니까?

Zài nǎr zuò lǎnchē?
在 哪儿 坐 缆车?

4

이곳의 풍경은 정말 아름답네요!

Zhèli de fēngjǐng zhēn piàoliang!
这里 的 风景 真 漂亮!

5

이곳은 산이 아름답고 물이 맑으며, 기후도 마음에 듭니다.

Zhèli shān qīng shuǐ xiù, qìhòu yí rén.
这里 山 清 水 秀, 气候 宜 人。

6

산 정상에서 일출을 보면 아주 아름답습니다.

Zài shān shang kàn rìchū fēicháng piàoliang.
在 山 上 看 日出 非常 漂亮。

1

아침 7시 호텔 입구에서 집합합니다.

Zǎoshang qī diǎn zài jiǔdiàn ménkǒu jíhé.
早上 七 点 在 酒店 门口 集合。

2

내일 우리 어디를 관람합니까?

Míngtiān wǒmen dōu yóulǎn nǎ xiē dìfang?
明天 我们 都 游览 哪 些 地方?

3

여러분, 조금 두꺼운 반코트를 준비해 오세요.

Qǐng dàjiā dài jiàn hòu yìdiǎnr de wàitào.
请 大家 带 件 厚 一点儿 的 外套。

4

저녁은 어디에서 먹습니까?

Wǎnfàn zài nǎr chī?
晚饭 在 哪儿 吃?

5

여러분, 자발적으로 시간을 지키십시오.

Qǐng dàjiā zìjué zūnshǒu shíjiān.
请 大家 自觉 遵守 时间。

6

관광지 마다 모두 자유 활동 시간을 안배하였습니다.

Měi ge jǐngdiǎn dōu ānpái le zìyóu huódòng shíjiān.
每 个 景点 都 安排 了 自由 活动 时间。

미술관 · 박물관에서

1 1미터 이하의 어린이는 무료입니다.

Yì   mǐ   yǐxià   értóng miǎnfèi.
一 米 以下 儿童 免费。

2 학생은 반액권을 살 수 있습니다.

Xuésheng kěyǐ   mǎi bànpiào.
学生 可以 买 半票。

3 이것은 누구의 작품입니까?

Zhè shì shuí de   zuòpǐn?
这 是 谁 的 作品?

4 사진을 찍어도 됩니까?

Kěyǐ   pāizhào ma?
可以 拍照 吗?

5 기념품을 파는 곳은 어디입니까?

Mài jìniànpǐn de dìfang zài nǎli?
卖 纪念品 的 地方 在 哪里?

6 출구는 어디에 있습니까?

Chūkǒu zài   nǎr?
出口 在 哪儿?

사진을 찍고 싶을 때

1

죄송한데요, 저희들에게 사진을 좀 찍어 주시겠습니까?

Máfan nǐ gěi wǒmen zhào zhāng xiàng hǎo ma?

麻烦 你 给 我们 照 张 相 好 吗?

2

당신하고 사진을 함께 찍어도 되겠습니까?

Wǒ kěyǐ gēn nǐ zhào zhāng xiàng ma?

我 可以 跟 你 照 张 相 吗?

3

일회용 카메라가 있습니까?

Yǒu shǎguā xiàngjī ma?

有 傻瓜 相机 吗?

4

하나, 둘, 셋, 가지!

Yī, èr, sān, qiézi!

一, 二, 三, 茄子!

5

웃으세요, 찍습니다!

Xiào yí xiào, zhào la!

笑 一 笑, 照 啦!

6

한 장 더 찍어 주세요.

Zài lái yì zhāng.

再 来 一 张。

1

이 근처에 공원이 있습니까?

Zhè fùjìn yǒu gōngyuánr ma?

这 附近 有 公园儿 吗?

2

공원 내에 놀이 시설이 있습니까?

Gōngyuánr li yǒu yóulè shèshī ma?

公园儿 里 有 游乐 设施 吗?

3

공원은 몇 시에 문을 닫습니까?

Gōngyuánr jǐ diǎn guānmén?

公园儿 几 点 关门?

4

제 아이가 없어졌습니다.

Wǒ de háizi bú jiàn le.

我 的 孩子 不 见 了。

5

매일 오후 대형 공연이 있습니다.

Měitiān xiàwǔ dōu yǒu dàxíng biǎoyǎn.

每天 下午 都 有 大型 表演。

6

이곳은 정문입니까 후문입니까?

Zhèli shì zhèngmén háishi hòumén?

这里 是 正门 还是 后门?

화장실을 이용할 때

1 화장실은 어디에 있습니까?

Xǐshǒujiān zài nǎr?

洗手间 在 哪儿?

2 여기는 장애인 전용 화장실입니다.

Zhè shì cánjirén zhuānyòng xǐshǒujiān.

这 是 残疾人 专用 洗手间。

3 여기에 왜 화장지가 없습니까?

Zhèli zěnme méi yǒu shǒuzhǐ a?

这里 怎么 没 有 手纸 啊?

4 어디에서 생리대를 판매합니까?

Nǎr mài wèishēngjīn?

哪儿 卖 卫生巾?

5 안에 사람이 없는 것 같습니다.

Lǐmian hǎoxiàng méi yǒu rén.

里面 好像 没 有 人。

6 저는 급하지 않습니다. (화장실을) 먼저 사용하세요.

Wǒ bù zháojí, nǐ xiān shàng ba.

我 不 着急, 你 先 上 吧。

ATM기계 · 자판기 등을 이용할 때

1 이 근처에 ATM기계가 있습니까?

Zhè fùjìn yǒu zìdòng qǔkuǎnjī ma?
这 附近 有 自动 取款机 吗?

2 (ATM기계가) 제 카드를 먹어버렸습니다.

Wǒ de kǎ bèi chī jìnqu le.
我 的 卡 被 吃 进去 了。

3 제가 비밀번호를 잘못 입력하였습니다.

Wǒ shū cuò le mìmǎ.
我 输 错 了 密码。

4 동전이 있습니까?

Nǐ yǒu yìngbì ma?
你 有 硬币 吗?

5 지폐를 사용해도 됩니다.

Yòng zhǐbì yě kěyǐ.
用 纸币 也 可以。

6 이 자판기가 고장이 난 것 같습니다.

Zhè ge zìdòng shòuhuòjī hǎoxiàng shì huài le.
这 个 自动 售货机 好像 是 坏 了。

연극 · 영화를 보고 싶을 때

1

내일 우리 함께 영화 보러 갑시다.

Míngtiān wǒmen   yìqǐ   qù   kàn diànyǐng ba.

明天 我们 一起 去 看 电影 吧。

2

저는 연극을 더욱 좋아합니다.

Wǒ gèng xǐhuan kàn   huàjù.

我 更 喜欢 看 话剧。

3

주연은 누구입니까?

Shì   shuí zhǔyǎn de?

是 谁 主演 的?

4

입장률이 가장 높은 영화는 어느 것입니까?

Shàngzuòrlǜ   zuì gāo de diànyǐng shì nǎ   yí bù?

上座儿率 最 高 的 电影 是 哪 一 部?

5

인터넷에서 영화표를 예매 할 수 있습니다.

Nǐ   kěyǐ   zài wǎng shang yùdìng diànyǐngpiào.

你 可以 在 网 上 预定 电影票。

6

영화는 몇 시에 시작합니까?

Diànyǐng jǐ   diǎn kāiyǎn?

电影 几 点 开演?

노래방을 이용할 때

1
이 근처에 노래방이 있습니까?

Zhè fùjìn yǒu KTV bāofáng ma?
这 附近 有 KTV 包房 吗?

2
한국 노래가 있습니까?

Yǒu hánguó gē ma?
有 韩国 歌 吗?

3
한 시간에 얼마입니까?

Yí ge xiǎoshí duōshao qián?
一 个 小时 多少 钱?

4
저희에게 조금 큰 방을 안배해 주세요.

Qǐng gěi wǒmen ānpái dà yìdiǎnr de fángjiān.
请 给 我们 安排 大 一点儿 的 房间。

5
우선 당신이 노래 한 곡을 부르세요.

Nǐ xiān diǎn yì shǒu gē ba.
你 先 点 一 首 歌 吧。

6
30분 추가하고 싶은데요.

Wǒmen xiǎng zài jiā bàn ge xiǎoshí.
我们 想 再 加 半 个 小时。

거리를 산책할 때

1 우리 거리 구경 나갑시다.

Wǒmen qù guàngjiē ba.
我们 去 逛街 吧。

2 지하철을 타고 갈까요 택시를 타고 갈까요?

Zuò dìtiě qù háishi dǎchē qù?
坐 地铁 去 还是 打车 去?

3 걸어서 갑시다.

Zǒu zhe qù ba.
走 着 去 吧。

4 우리 가면서 얘기를 합시다.

Wǒmen biān zǒu biān liáo ba.
我们 边 走 边 聊 吧。

5 우리 앞에 잠깐 앉읍시다.

Wǒmen zài qiánbiān zuò yíhuìr ba.
我们 在 前边 坐 一会儿 吧。

6 우리 나가서 드라이브 좀 합시다.

Wǒmen chūqu dōu dou fēng ba.
我们 出去 兜 兜 风 吧。

새벽시장 · 야시장을 구경할 때

1

우리 야시장에 가서 구경을 좀 합시다.

Wǒmen qù yèshì guàng guang ba.

我们 去 夜市 逛 逛 吧。

2

이곳은 정말 번화하네요!

Zhèli kě zhēn rènao a!

这里 可 真 热闹 啊!

3

먹을 것, 입을 것, 쓸 것, 정말 없는 것이 없네요.

Yǒu chīde, chuānde, yòngde, zhēn shì yīng yǒu jìn yǒu.

有 吃的、穿的、用的, 真 是 应 有 尽 有。

4

새벽 시장은 몇 시부터 몇 시까지 입니까?

Zǎoshì shì cóng jǐ diǎn dào jǐ diǎn?

早市 是 从 几 点 到 几 点?

5

참외는 어떻게 팝니까?

Xiāngguā zěnme mài?

香瓜 怎么 卖?

6

이곳에서 값을 흥정할 수 있습니까?

Zài zhèli kěyǐ jiǎngjià ma?

在 这里 可以 讲价 吗?

스포츠

1

테니스를 칠 줄 아십니까?

Nǐ huì dǎ wǎngqiú ma?
你 会 打 网球 吗?

2

테니스 라켓이 없는데 어떻게 칩니까?

Méi yǒu wǎngqiúpāi zěnme dǎ ya?
没 有 网球拍 怎么 打 呀?

3

한 시간을 치는데 얼마입니까?

Dǎ yí ge xiǎoshí duōshao qián?
打 一 个 小时 多少 钱?

4

여기 테니스 코치가 있습니까?

Zhèlǐ yǒu jiāo wǎngqiú de jiàoliàn ma?
这里 有 教 网球 的 教练 吗?

5

우리 복식을 합시다.

Wǒmen dǎ shuāngdǎ ba.
我们 打 双打 吧。

6

당신이 먼저 서브를 넣으세요.

Nǐ xiān fāqiú ba.
你 先 发球 吧。

1

이번 주 토요일 골프를 예약하려고 합니다.

Wǒ xiǎng yuē zhè ge xīngqīliù de qiú.
我 想 约 这 个 星期六 的 球。

2

두 사람이면 조인을 해야합니다.

Liǎng ge rén děi pīn zǔ.
两 个 人 得 拼 组。

3

아침 몇 시 티업 합니까?

Zǎoshang jǐ diǎn kāiqiú?
早上 几 点 开球?

4

어떤 등급의 캐디를 원하십니까?

Qiútóng nín yào shénme děngjí de?
球童 您 要 什么 等级 的?

5

18홀을 더 하고 싶은데 가능합니까?

Wǒ xiǎng jiā dǎ shíbā dòng kěyǐ ma?
我 想 加 打 18 洞 可以 吗?

6

클럽하우스는 어디에 있습니까?

Huìsuǒ zài nǎr?
会所 在 哪儿?

낚시

1
이번 주말 우리 양어장에 낚시하러 갑시다.

Zhè ge zhōumò wǒmen qù yǎngyúchí diàoyú ba.
这 个 周末 我们 去 养鱼池 钓鱼 吧。

2
당신은 텐트를 준비하고, 제가 낚싯대와 미끼를 준비할게요.

Nǐ zhǔnbèi zhàngpeng, wǒ zhǔnbèi yúgānr he yú'ěr.
你 准备 帐篷, 我 准备 鱼杆儿 和 鱼饵。

3
바다 낚시가 더욱 재미있습니다.

Xiàhǎi diàoyú gèng yǒuqùr.
下海 钓鱼 更 有趣儿。

4
고기가 낚시에 걸렸습니다.

Yú shànggōur le.
鱼 上钩儿 了。

5
이 자리가 별로네요, 한참 지났는데 고기가 낚시를 물지도 않네요.

Zhè ge wèizhi bú tài hǎo, bàntiān yě bù yào gōur.
这 个 位置 不 太 好, 半天 也 不 咬 钩儿。

6
지난 주 제가 큰 고기 한 마리를 낚았습니다.

Shàng ge xīngqī wǒ diào dào le yì tiáo dàyú.
上 个 星期 我 钓 到 了 一 条 大鱼。

1

내일 우리 교외에 가서 승마를 합시다.

Míngtiān wǒmen qù jiāowài qímǎ ba.

明天 我们 去 郊外 骑马 吧。

2

저는 승마를 해 본 적이 없어, 조금 무서운데요.

Wǒ méi qí guo mǎ, yǒudiǎnr hàipà.

我 没 骑 过 马, 有点儿 害怕。

3

걱정하지 마세요, 제가 가르쳐드릴게요.

Bú yòng dānxīn, wǒ lái jiāo nǐ.

不 用 担心, 我 来 教 你。

4

승마 할 때 조금 편한 옷을 입어야 합니다.

Qímǎ de shíhou děi chuān shūfu yìdiǎnr de yīfu.

骑马 的 时候 得 穿 舒服 一点儿 的 衣服。

5

이 부츠가 약간 발에 꼭 낍니다.

Zhè shuāng xuēzi yǒudiǎnr jǐjiǎo.

这 双 靴子 有点儿 挤脚。

6

가슴을 쑥 내밀고, 머리를 들고, 채찍을 손에 잘 드십시오.

Tǐng xiōng, tái tóu, ná hǎo biānzi.

挺 胸、抬 头, 拿 好 鞭子。

memo

엔터테인먼트

1 서커스 공연을 보실래요?

Nǐ xiǎng bu xiǎng kàn zájì biǎoyǎn?
你 想 不 想 看 杂技 表演?

---

2 서커스는 보고 싶지 않고, 음악회를 듣고 싶습니다.

Wǒ bù xiǎng kàn zájì, wǒ xiǎng qù tīng yīnyuèhuì.
我 不 想 看 杂技, 我 想 去 听 音乐会。

---

3 음악회를 듣는 것이 당연히 좋죠, 그런데 입장료가 너무 비쌉니다.

Tīng yīnyuèhuì dāngrán hěn hǎo, búguò ménpiào tài guì le.
听 音乐会 当然 很 好, 不过 门票 太 贵 了。

---

4 공연은 몇 시에 시작합니까?

Gōngyǎn jǐ diǎn kāishǐ?
公演 几 点 开始?

---

5 앞쪽 좌석으로 주십시오.

Wǒ yào qián pái de zuòwèi.
我 要 前 排 的 座位。

---

6 어제 저녁의 서커스 공연은 정말 멋있었어요!

Zuówǎn de zájì biǎoyǎn jīngcǎi jí le!
昨晚 的 杂技 表演 精彩 极 了!

1

룸 하나를 주세요.

Wǒ yào yí ge bāofáng.
我 要 一 个 包房。

2

양주 한 병을 주시고, 과일도 조금 주세요.

Lái yì píng yángjiǔ, zài lái diǎnr shuǐguǒ.
来 一 瓶 洋酒, 再 来 点儿 水果。

3

웨이터, 여기 보관소가 있습니까?

Fúwùyuán, zhèli yǒu mei yǒu jìcúnchù?
服务员, 这里 有 没 有 寄存处?

4

술만 마시지 말고, 나가서 춤을 좀 추세요.

Nǐ bié guāng hējiǔ, chūqu tiào tiao wǔ ba.
你 别 光 喝酒, 出去 跳 跳 舞 吧。

5

당신과 함께 춤을 좀 추고 싶은데, 괜찮으시겠습니까?

Wǒ xiǎng qǐng nǐ tiào ge wǔ kěyǐ ma?
我 想 请 你 跳 个 舞 可以 吗?

6

오늘 정말 즐거웠습니다.

Jīntiān wánr de zhēn kāixīn.
今天 玩儿 得 真 开心。

1

마카오에 여행 오셨으면 도박장에 가 봐야죠.

Lái Àomén lǚyóu yīnggāi qù dǔchǎng kàn kan.

来 澳门 旅游 应该 去 赌场 看 看。

2

저는 지금까지 도박장에 가 본 적이 없고, 도박을 할 줄도 모릅니다.

Wǒ cónglái méi qù guo dǔchǎng, yě bú huì dǔ.

我 从来 没 去 过 赌场，也 不 会 赌。

3

칩 천 달러를 바꾸어 주세요.

Qǐng gěi wǒ huàn yì qiān měiyuán de chóumǎ.

请 给 我 换 一 千 美元 的 筹码。

4

말씀해보세요, 판돈을 얼마나 걸까요?

Nǐ shuō xià duōshao dǔzhù?

你 说 下 多少 赌注?

5

저는 오늘 운이 정말 좋네요, 삼 천 달러나 땄습니다.

Jīntiān wǒ de yùnqi zhēn hǎo, yíng le sān qiān měiyuán.

今天 我 的 运气 真 好，赢 了 三 千 美元。

6

저는 아주 처참합니다. 모두 잃었습니다.

Wǒ kě cǎn le, quánbù dōu shū guāng le.

我 可 惨 了，全部 都 输 光 了。

1

오일 마사지는 비용을 어떻게 받습니까?

Jīngyóu ànmó zěnme shōufèi?
精油 按摩 怎么 收费?

2

발마사지를 받고 싶은데요.

Wǒ xiǎng zuò zúdǐ ànmó.
我 想 做 足底 按摩。

3

조금 아픕니다, 살살하세요.

Yóudiǎnr téng, qīng diǎnr.
有点儿 疼, 轻 点儿。

4

이 정도 누르면 되겠습니까?

Zhè ge lìdù kěyǐ ma?
这 个 力度 可以 吗?

5

여자 안마사로 보내 주세요.

Qǐng gěi wǒ ānpái lǚ ànmóshī.
请 给 我 安排 女 按摩师。

6

몸을 뒤집어 누우세요.

Qǐng nǐ fān yí xià shēn.
请 你 翻 一 下 身。

1

온천욕을 하실 때 수영복을 입어야 합니다.

Pào wēnquán de shíhou děi chuān yóuyǒngyī.

泡 温泉 的 时候 得 穿 游泳衣。

2

온천의 온도는 얼마입니까?

Wēnquán de wēndù shì duōshao?

温泉 的 温度 是 多少?

3

죄송한데요, 이곳은 요금을 별도로 내셔야 합니다.

Bùhǎoyìsi, zhèli lìngwài shōufèi.

不好意思, 这里 另外 收费。

4

휴게실은 어디입니까?

Xiūxi dàtīng zài nǎr?

休息 大厅 在 哪儿?

5

방송하여 사람을 찾고 싶은데요.

Wǒ xiǎng guǎngbō zhǎo rén.

我 想 广播 找 人。

6

이곳에 식당이 있습니까?

Zhèli yǒu cāntīng ma?

这里 有 餐厅 吗?

전화 · 우편

국제전화를 할 때

1 방에서 국제전화를 할 수 있습니까?

Zài fángjiān li kěyǐ dǎ guójì diànhuà ma?
在 房间 里 可以 打 国际 电话 吗?

2 교환입니까? 국제전화를 하려고 하는데요.

Shì zǒngjī ma? Wǒ yào dǎ ge guójì diànhuà.
是 总机 吗? 我 要 打 个 国际 电话。

3 국제전화를 할 수 있는 IP카드 한 장을 주세요.

Wǒ yào yì zhāng dǎ guójì diànhuà de IP kǎ.
我 要 一 张 打 国际 电话 的 IP 卡。

4 국제전화 요금은 어떻게 계산합니까?

Guójì diànhuà zěnme shōufèi?
国际 电话 怎么 收费?

5 방값에 합산하셔도 되고요, 현금으로 결제해도 됩니다.

Nín kěyǐ dǎ dào fángfèi li yě kěyǐ yòng xiànjīn jiézhàng.
您 可以 打 到 房费 里 也 可以 用 现金 结账。

6 저녁에 국제전화를 하는 것이 낮 시간 때 보다 조금 쌉니다.

Wǎnshang dǎ guójì diànhuà bǐ báitiān piányi yìxiē.
晚上 打 国际 电话 比 白天 便宜 一些。

시내전화를 할 때

1
시내전화 일 분에 얼마입니까?

Shìnèi diànhuà yì fēnzhōng duōshao qián?
市内 电话 一 分钟 多少 钱?

2
당신 회사의 대표 전화번호가 몇 번입니까?

Nǐmen gōngsī zǒngjī hàomǎ shì duōshao?
你们 公司 总机 号码 是 多少?

3
이 전화를 빌려써도 됩니까?

Wǒ kěyǐ jièyòng yíxià zhè ge diànhuà ma?
我 可以 借用 一下 这 个 电话 吗?

4
당신 사무실의 직통 전화번호가 몇 번입니까?

Nǐmen bàngōngshì de zhíbō hàomǎ shì duōshao?
你们 办公室 的 直拔 号码 是 多少?

5
죄송한데요, 저 대신하여 전화 한 통화 해 주시겠습니까?

Máfan nǐ bāng wǒ dǎ ge diànhuà hǎo ma?
麻烦 你 帮 我 打 个 电话 好 吗?

6
좋기는 오후 한 시 이후에 저에게 전화하세요.

Zuìhǎo xiàwǔ yì diǎn yǐhòu gěi wǒ dǎ diànhuà.
最好 下午 一 点 以后 给 我 打 电话。

1

메시지를 남기시겠습니까?

Nǐ xūyào liúyán ma?
你 需要 留言 吗?

2

그에게 꼭 전해 주십시오.

Qǐng nǐ yídìng yào zhuǎngào tā.
请 你 一定 要 转告 他。

3

저에게 전화 한 통화를 해 달라고 전해 주시겠습니까?

Qǐng ràng tā gěi wǒ huí ge diànhuà hǎo ma?
请 让 他 给 我 回 个 电话 好 吗?

4

그 분에게 제가 전화 왔었다고 알려 주십시오.

Gàosu tā wǒ gěi tā dǎ guo diànhuà.
告诉 他 我 给 他 打 过 电话。

5

저를 찾는 사람이 있으면 제가 나갔다고 말씀해 주세요.

Rúguǒ yǒu rén zhǎo wǒ jiù shuō wǒ chūqu le.
如果 有 人 找 我 就 说 我 出去 了。

6

제 전화번호를 메모 좀 해 두세요.

Qǐng nǐ jì yíxià wǒ de diànhuà hàomǎ.
请 你 记 一下 我 的 电话 号码。

1

편지 봉투 두 개와 우표 두 장을 주세요.

Wǒ yào liǎng ge xìnfēng hé liǎng zhāng yóupiào.

我 要 两 个 信封 和 两 张 邮票。

2

등기 우편을 부치려고 합니다.

Wǒ yào jì guàhàoxìn.

我 要 寄 挂号信。

3

한국에 보내려고 합니다.

Wǒ yào jì dào Hánguó.

我 要 寄 到 韩国。

4

당신의 편지가 중량을 초과하였습니다.

Nǐ de xìn chāozhòng le.

你 的 信 超重 了。

5

우편번호를 어디에서 검색할 수 있습니까?

Yóuzhèng biānmǎ zài nǎr néng chá dào?

邮政 编码 在 哪儿 能 查 到?

6

보내는 사람의 주소를 어디에 씁니까?

Jìxìnrén dìzhǐ xiě zài nǎr?

寄信人 地址 写 在 哪儿?

소포를 부칠 때

1 소포를 부치는 용지 한 장을 주세요.

Qǐng gěi wǒ yì zhāng bāoguǒdān.
请 给 我 一 张 包裹单。

2 무엇을 부치려고 합니까?

Nǐ yào jì shénme?
你 要 寄 什么?

3 빠른 우편으로 부치시겠습니까 일반 우편으로 부치시겠습니까?

Nǐ yào jì kuàijiànr háishi mànjiànr?
你 要 寄 快件儿 还是 慢件儿?

4 식품과 약품을 부칠 수 있습니까?

Kěyǐ jì shípǐn hé yàopǐn ma?
可以 寄 食品 和 药品 吗?

5 포장용 박스 하나와 테이프를 주세요.

Qǐng gěi wǒ yí ge bāozhuāngxiāng hé jiāodài.
请 给 我 一 个 包装箱 和 胶带。

6 소포가 며칠이면 도착할 수 있습니까?

Bāoguǒ jǐ tiān néng dào?
包裹 几 天 能 到?

문제가 생겼을 때

길을 잃었을 때

1

우리 길을 잘못 들어선 것 같습니다.

Wǒmen hǎoxiàng zǒu cuò lù le.

我们 好像 走 错 路 了。

2

말씀 좀 여쭙겠는데요, 중산 공원을 가려면 어떻게 가야 합니까?

Qǐngwèn, qù Zhōngshān gōngyuánr zěnme zǒu?

请问, 去 中山 公园儿 怎么 走?

3

기차역에 가려면 북쪽으로 가야 합니다.

Qù huǒchēzhàn yīnggāi wǎng běi zǒu.

去 火车站 应该 往 北 走。

4

이 근처에 가장 가까운 지하철역은 어디입니까?

Zhè fùjìn zuì jìn de dìtiězhàn zài nǎr?

这 附近 最 近 的 地铁站 在 哪儿?

5

우리 지금 어느 위치에 있습니까?

Zánmen xiànzài zài shénme wèizhi?

咱们 现在 在 什么 位置?

6

택시 기사에게 물어 보는 것이 좋을 듯 싶습니다.

Háishi wèn chūzūchē sījī ba.

还是 问 出租车 司机 吧。

1

제가 발을 삐었습니다.

Wǒ de jiǎo niǔ le.
我 的 脚 扭 了。

2

상처가 곪았는데, 병원에 가 봐야 할 것 같습니다.

Shāngkǒu huànóng le, nǐ děi qù yīyuàn kàn yí kàn.
伤口 化脓 了,你 得 去 医院 看 一 看。

3

아파 죽겠습니다. 혹시 골절은 아니겠죠?

Téng sǐ wǒ le, huì bu huì shì gǔzhé ya?
疼 死 我 了,会 不 会 是 骨折 呀?

4

아이고, 당신의 코에서 피가 흐르고 있습니다.

Āiyā, nǐ de bízi chūxiě le.
哎呀,你 的 鼻子 出血 了。

5

제가 손을 베었습니다.

Wǒ bǎ shǒu gēpò le.
我 把 手 割破 了。

6

빨리 구급차를 부릅시다.

Kuài jiào jiùhùchē ba.
快 叫 救护车 吧。

병원에서

1

외과로 접수해 주세요.

Wǒ yào guà wàikē.

我 要 挂 外科。

2

오늘 특진 있습니까?

Jīntiān yǒu zhuānjiā ménzhěn ma?

今天 有 专家 门诊 吗?

3

말씀 좀 여쭙겠는데요, 초음파 검사를 어디에서 합니까?

Qǐngwèn, zài nǎr zuò B chāo?

请问, 在 哪儿 做 B 超?

4

내일 아침 일찍 공복으로 검사하러 오십시오.

Qǐng nǐ míngtiān yì zǎo kōngfù lái zuò huàyàn.

请 你 明天 一早 空腹 来 做 化验。

5

검사 결과는 언제 나옵니까?

Huàyàn jiéguǒ shénme shíhou néng chūlai?

化验 结果 什么 时候 能 出来?

6

이런 약은 부작용이 있습니까?

Zhè zhǒng yào yǒu fùzuòyòng ma?

这 种 药 有 副作用 吗?

1 감기약을 주세요.

Wǒ yào gǎnmàoyào.
我 要 感冒药。

- -

2 반드시 의사의 처방이 있어야 합니까?

Yídìng děi yǒu yīshēng de chǔfāng ma?
一定 得 有 医生 的 处方 吗?

- -

3 국비입니까 사비입니까?

Gōngfèi háishi zìfèi?
公费 还是 自费?

- -

4 어떤 약이 효과가 더욱 좋습니까?

Nǎ yì zhǒng yào xiàoguǒ gèng hǎo?
哪 一 种 药 效果 更 好?

- -

5 임산부가 이런 약을 복용해도 됩니까?

Yùnfù kěyǐ chī zhè zhǒng yào ma?
孕妇 可以 吃 这 种 药 吗?

- -

6 저는 한약 먹기를 더욱 좋아합니다.

Wǒ gèng xǐhuan chī zhōngyào.
我 更 喜欢 吃 中药。

1
아이고, 제 여권이 없어 졌습니다.

Āiyā, wǒ de hùzhào bú jiàn le.
哎呀，我 的 护照 不 见 了。

2
제가 핸드폰을 식당에 두고 왔습니다.

Wǒ bǎ shǒujī là zài fàndiàn li le.
我 把 手机 落 在 饭店 里 了。

3
죄송합니다, 제가 당신의 우산을 잃어버렸습니다.

Duìbuqǐ, wǒ bǎ nǐ de yǔsǎn nòng diū le.
对不起，我 把 你 的 雨伞 弄 丢 了。

4
이것은 당신이 우리 집에 놓고 간 물건입니다.

Zhè shì nǐ là zài wǒ jiā li de dōngxi.
这 是 你 落 在 我 家 里 的 东西。

5
당신이 잃어버린 지갑을 어떤 사람이 주었습니다.

Nǐ diū de qiánbāo yǒurén jiǎn dào le.
你 丢 的 钱包 有人 捡 到 了。

6
테이블 위에 아무 것도 없는데요.

Zhuōzi shang shénme dōngxi yě méi yǒu a.
桌子 上 什么 东西 也 没 有 啊。

교통 사고 시

1

모퉁이를 돌 때 오토바이가 자동차에 치어 뒤집혔습니다.

Zhuǎnwān shí mótuōchē bèi qìchē zhuàng fān le.

转弯 时 摩托车 被 汽车 撞 翻 了。

2

2년 전에 제가 교통 사고를 낸 적이 한 번 있습니다.

Liǎng nián qián wǒ chū guo yí cì jiāotōng shìgù.

两 年 前 我 出过 一 次 交通 事故。

3

그 사람이 (뒤에서) 추돌하였습니다. 제 잘못이 아닙니다.

Shì tā zhuīwěi, bú shì wǒ de cuò.

是 他 追尾, 不 是 我 的 错。

4

길을 건널 때 자동차에 치었습니다.

Guò mǎlù shí bèi yí liàng qìchē zhuàng le.

过 马路 时 被 一 辆 汽车 撞 了。

5

음주 운전은 아주 위험합니다.

Jiǔ hòu jiàchē tài wēixiǎn le.

酒 后 驾车 太 危险 了。

6

15 중 추돌 사고가 발생하였습니다.

Fāshēng le shíwǔ iàng qìchē liánhuán xiāngzhuàng de shìgù.

发生 了 十五 辆 汽车 连环 相撞 的 事故。

1 어디에서 환불 수속을 합니까?

Zài nǎr bànlǐ tuìhuò shǒuxù?
在 哪儿 办理 退货 手续?

2 왜 환불하려고 합니까?

Nín wèishénme yào tuìhuò?
您 为什么 要 退货?

3 연어가 신선하지 않은 것 같아서 환불하려고 합니다.

Sānwényú hǎoxiàng bú tài xīnxian, wǒ xiǎng tuìdiào.
三文鱼 好像 不 太 新鲜, 我 想 退掉。

4 영수증을 가지고 오셨습니까?

Nín dài fāpiào le ma?
您 带 发票 了 吗?

5 이 옷이 제가 입기에 적합하지 않습니다.

Zhè jiàn yīfu wǒ chuān bù héshì.
这 件 衣服 我 穿 不 合适。

6 한 달 이내에 환불할 수 있습니다.

Yí ge yuè zhīnèi dōu kěyǐ tuìhuò.
一 个 月 之内 都 可以 退货。

1

당신은 제 뜻을 오해하였습니다.

Nǐ wùhuì wǒ de yìsi le.
你 误会 我 的 意思 了。

2

우리 사이에 오해가 있는 것 같습니다.

Wǒmen zhījiān hǎoxiàng yǒu xiē wùhuì.
我们 之间 好像 有 些 误会。

3

저에게 변명할 기회를 한 번 주세요.

Qǐng nǐ gěi wǒ yí cì jiěshì de jīhuì.
请 你 给 我 一 次 解释 的 机会。

4

이것은 제가 한 것이 아닙니다.

Zhè bú shì wǒ zuò de.
这 不 是 我 做 的。

5

제가 그런 말을 한 적이 없습니다.

Wǒ méi shuō guo nàyàng de huà.
我 没 说 过 那样 的 话。

6

당신이 잘못 들었습니다.

Nǐ tīng cuò le.
你 听 错 了。

memo

비즈니스 회화

1

우리의 협력이 즐겁기를 기원합니다.

Xīwàng wǒmen hézuò yúkuài.

希望 我们 合作 愉快。

2

언제 계약에 서명합니까?

Shénme shíhou qiān hétong?

什么 时候 签 合同?

3

한 달 내에 반드시 납품할 것을 보장합니다.

Wǒmen bǎozhèng yí ge yuè zhīnèi yídìng jiāohuò.

我们 保证 一 个 月 之内 一定 交货。

4

당신들이 낸 입찰 가격이 너무 높습니다.

Nǐmen de bàojià tài gāo le.

你们 的 报价 太 高 了。

5

F.O.B 가격입니까 C.I.F 가격입니까?

Líʼànjià shíshi dàoʼànjià?

离岸价 还是 到岸价?

6

우선 50%의 물품 대금을 지불해 주세요.

Qǐng xiān fù bǎi fēn zhī wǔshí de huòkuǎn.

请 先 付 百 分 之 五十 的 货款。

전화 걸기

1　여보세요, 래엔샹 그룹입니까?

Wèi, nǐ shì Liánxiǎng jítuán ma?

喂, 你 是 联想 集团 吗?

2　이 선생님 계십니까?

Lǐ xiānsheng zài ma?

李 先生 在 吗?

3　박 과장님에게 전화 받으라고 하세요.

Qǐng ràng Piáo kēzhǎng jiē diànhuà.

请 让 朴 科长 接 电话。

4　그 분이 안 계십니다, 메시지를 남겨드릴까요?

Tā bú zài, nín xūyào liúyán ma?

他 不 在, 您 需要 留言 吗?

5　조금 있다가 다시 전화 주세요.

Nín guò huìr zài dǎ guòlai ba.

您 过 会儿 再 打 过来 吧。

6　당신의 전화가 계속 통화 중이던데, 어떻게 된 겁니까?

Nǐ de diànhuà yìzhí zhànxiàn, zěnme huí shìr?

你 的 电话 一直 占线, 怎么 回 事儿?

거래처를 방문할 때

1 오래 기다리게 해서 죄송합니다.

Bùhǎoyìsi, ràng nǐ jiǔ děng le.

不好意思，让 你 久 等 了。

2 요즘 장사가 어떻습니까?

Zuìjìn shēngyì zěnmeyàng?

最近 生意 怎么样？

3 우리가 기술을 제공하고, 상대방이 출자합니다.

Wǒmen chū jìshù, duìfāng chū zījīn.

我们 出 技术，对方 出 资金。

4 당신들도 이번 전시회에 참가하십니까?

Zhè cì zhǎnhuì nǐmen cānjiā ma?

这 次 展会 你们 参加 吗？

5 당신은 이 프로젝트에 관심이 있으십니까?

Nǐ duì zhè ge xiàngmù gǎn xìngqù ma?

你 对 这 个 项目 感 兴趣 吗？

6 오늘 저녁에 우리 같이 식사 합시다.

Jīnwǎn wǒmen yìqǐ yòng wǎncān ba.

今晚 我们 一起 用 晚餐 吧。

1

이 팩스가 고장이 난 것 같습니다. 전송이 안 되네요.

Zhè ge chuánzhēnjī hǎoxiàng huài le, fā bu chūqù.

这 个 传真机 好像 坏 了, 发 不 出去。

2

제가 이미 전송해드렸습니다. 확인해 보십시오.

Wǒ yǐjīng gěi nǐ fā guòqu le, qǐng nǐ quèrèn yíxià.

我 已经 给 你 发 过去 了, 请 你 确认 一下。

3

팩스를 받지 못했는데요, 다시 한 번 보내 주세요.

Wǒ méi shōudào chuánzhēn, qǐng zài fā yí cì.

我 没 收到 传真, 请 再 发 一 次。

4

당신의 E-mail 주소가 바뀌지 않았죠?

Nǐ de E-mail dìzhǐ méi biàn ba?

你 的 E-mail 地址 没 变 吧?

5

당신이 보낸 첨부 파일이 열리지 않습니다. 모두 깨졌어요.

Nǐ de fùjiàn dǎ bu kāi, dōu shì luànmǎ.

你 的 附件 打 不 开, 都 是 乱码。

6

용량이 너무 커서 업로드가 안 됩니다.

Róngliàng tài dà le, wú fǎ shàngzài.

容量 太 大 了, 无 法 上载。

memo

귀국

현지인과 송별시

1 한국인은 아주 친절합니다.

Hánguórén hěn rèqíng.
韩国人 很 热情。

2 한국의 김치는 정말 맛있습니다.

Hánguó de pàocài zhēn hǎochī.
韩国 的 泡菜 真 好吃。

3 저는 한국 기후를 아주 좋아합니다.

Wǒ hěn xǐhuan Hánguó de qìhòu.
我 很 喜欢 韩国 的 气候。

4 기회가 있으면 중국에 놀러 오십시오.

Yǒu jīhuì dehuà dào Zhōngguó lái wánr ba.
有 机会 的话 到 中国 来 玩儿 吧。

5 한국은 저에게 아주 깊은 인상을 주었습니다.

Hánguó gěi wǒ liúxià le shēnkè de yìnxiàng.
韩国 给 我 留下 了 深刻 的 印象。

6 앞으로 자주 연락합시다.

Xīwàng wǒmen jīnhòu cháng liánxì.
希望 我们 今后 常 联系。

선물 고르기

1 어떤 선물을 사려고 합니까?

Nǐ xiǎng mǎi shénme lǐwù?
你 想 买 什么 礼物?

2 한국의 전통 공예품을 조금 사려고 합니다.

Wǒ xiǎng mǎi diǎnr Hánguó chuántǒng gōngyìpǐn.
我 想 买 点儿 韩国 传统 工艺品。

3 중국인은 선물을 할 때 어떤 것을 꺼립니까?

Zhōngguórén sòng lǐwù de shíhou yǒu shénme jìhui?
中国人 送 礼物 的 时候 有 什么 忌讳?

4 배와 종을 선물하면 안 됩니다.

Bù néng sòng lí he zhōng.
不 能 送 梨 和 钟。

5 저희 부모님께 고려 인삼을 조금 사드리려고 합니다.

Wǒ xiǎng gěi wǒ fùmǔ mǎi diǎnr gāolì rénshēn.
我 想 给 我 父母 买 点儿 高丽 人参。

6 한국의 김도 꽤 유명합니다.

Hánguó de zǐcài yě hěn yǒumíng.
韩国 的 紫菜 也 很 有名。

회사에 돌아와서

1

이 초청장을 오늘 중으로 발송하십시오.

Jīntiān bǎ zhè xiē yāoqǐngyán dōu fā chūqu ba.

今天 把 这 些 邀请函 都 发 出去 吧。

2

우리 회사의 주소가 바뀌었습니다.

Wǒmen gōngsī de dìzhǐ biàn le.

我们 公司 的 地址 变 了。

3

당신의 주문서를 받았습니다.

Wǒ shōudào le nǐmen de dìngdān.

我 收到 了 你们 的 定单。

4

전시회 통지서를 다 작성하였습니까?

Zhǎnhuì tōngzhī xiě hǎo le ma?

展会 通知 写 好 了 吗?

5

당신이 책임지고 계획서를 작성하세요.

Yóu nǐ fùzé xiě jìhuàshū.

由 你 负责 写 计划书。

6

우리 각자 자료를 수집합시다.

Wǒmen fēntóu shōují zīliào ba.

我们 分头 收集 资料 吧。

부록

1

만리장성은 세계 8대 기적 중의 하나입니다.

Chángchéng shì shìjiè bā dà qíjì zhī yī.
长城 是 世界 八 大 奇迹 之 一。

2

진시황의 병마용은 볼 만한 가치가 있습니다.

Qínshǐhuáng bīngmǎyǒng zhídé yí kàn.
秦始皇 兵马俑 值得 一 看。

3

계림의 산수는 천하의 제일입니다.

Guìlín shānshuǐ jiǎ tiānxià.
桂林 山水 甲 天下。

4

하늘에는 극락세계가 있고, 땅 위에는 경치 좋기로 유명한 소주와 항주가 있습니다.

Shàng yǒu tiāntáng, xià yǒu Sūháng.
上 有 天堂, 下 有 苏杭。

5

안개 속의 황산은 사람을 돌아가는 것을 잊도록 합니다.

Wù zhōng de Huángshān ràng rén liú lián wàng fǎn.
雾 中 的 黄山 让 人 留 连 忘 返。

6

장가계의 풍경은 아주 아름답습니다.

Zhāngjiājiè de fēngjǐng měi jí le.
张家界 的 风景 美 极 了。

1

우리 태산에 올라가 일출을 봅시다.

Wǒmen qù Tàishān kàn rìchū ba.

我们 去 泰山 看 日出 吧。

2

소림사는 숭산에 있습니다.

Shàolínsì zài sōngshān.

少林寺 在 嵩山。

3

화산은 천하에서 가장 험악한 등산로가 있습니다.

Huáshān yǒu tiānxià dìyī xiǎn.

华山 有 天下 第一 险。

4

장백산은 여름에 가는 것이 가장 좋습니다.

Zuìhǎo shì xiàtiān qù Chángbáishān.

最好 是 夏天 去 长白山。

5

무이산은 이름 있는 좋은 차를 많이 생산하고 있습니다.

Wǔyíshān shèngchǎn míngchá.

武夷山 盛产 名茶。

6

아미산에는 원숭이가 아주 많습니다.

Éméishān yǒu hěn duō hóuzi.

峨眉山 有 很 多 猴子。

1

베이징은 고궁, 만리장성과 이화원이 있습니다.

Běijīng yǒu Gùgōng, Chángchéng hé Yíhéyuán.

北京 有 故宫、 长城 和 颐和园。

2

서안에는 역사 유적이 아주 많습니다.

Xī'ān yǒu hěn duō lìshǐ yíjì.

西安 有 很 多 历史 遗迹。

3

운남성의 꿰이린과 따리의 풍경이 아주 아름답습니다.

Yúnnán de Guìlín hé Dàlǐ fēngjǐng xiùlì.

云南 的 桂林 和 大理 风景 秀丽。

4

티벳의 포탈라 궁전은 웅장하고 아름답습니다.

Xīzàng de Bùdálāgōng xióngwěi zhuànglì.

西藏 的 布达拉宫 雄伟 壮丽。

5

신강성의 고산과 오아시스의 경치는 사람을 매혹시킵니다.

Xīnjiāng de gāoshān hé lǜzhōu jǐngsè mírén.

新疆 的 高山 和 绿洲 景色 迷人。

6

상하이 외탄의 야경은 아주 아름답습니다.

Shànghǎi wàitān de yèjǐng fēicháng piàoliang.

上海 外滩 的 夜景 非常 漂亮。

1

젊은이들은 코카콜라를 아주 좋아합니다.

Niánqīngrén ài hē kěkǒukělè.

年轻人 爱 喝 可口可乐。

2

저에게 E-mail을 보내 주세요.

Nǐ gěi wǒ fā yīmèir ba.

你 给 我 发 伊妹儿 吧。

3

롯데 껌의 맛이 괜찮네요.

Lètiānpái de kǒuxiāngtáng wèidao búcuò.

乐天牌 的 口香糖 味道 不错。

4

내일 우리 패션쇼 보러 갑시다.

Míngtiān wǒmen qù kàn shízhuāngxiù ba.

明天 我们 去 看 时装秀 吧。

5

오늘 저녁에 파티가 있는데, 관심이 있습니까?

Jīnwǎn yǒu ge pàiduì, nǐ yǒu xìngqù ma?

今晚 有 个 派对, 你 有 兴趣 吗?

6

저는 까르푸에 물건 사러 자주 갑니다.

Wǒ cháng qù Jiālèfú mǎi dōngxi.

我 常 去 家乐福 买 东西。

1
안녕하세요. 저는 가이드입니다.

Dàjiā   hào, wǒ shì   nǐmen de dǎoyóu.
大家 好, 我 是 你们 的 导游。

2
여기에서 1시간 동안 관람할 것입니다.

Zài zhè ge jǐngdiǎn wǒmen yóulǎn yí ge xiǎoshí.
在 这 个 景点 我们 游览 一 个 小时。

3
점심은 중국 요리이고, 저녁은 현지식 특색 요리입니다.

Wǔcān   shì zhōngcān, wǎncān shì dāngdì tèsècài.
午餐 是 中餐, 晚餐 是 当地 特色菜。

4
내일 아침 6시 반에 모닝콜 해 주세요.

Míngzǎo liù diǎn bàn jiào xǐng wǒ.
明早 六 点 半 叫 醒 我。

5
여러분을 위하여 쇼핑 시간을 따로 안배했습니다.

Wǒ gěi dàjiā zhuānmén ānpái le gòuwù shíjiān.
我 给 大家 专门 安排 了 购物 时间。

6
여러분 안전에 유의하세요.

Qǐng dàjiā   zhùyì   ānquán.
请 大家 注意 安全。

memo

memo